イラスト版

はじめての人もキチンとできる

経理の
おしごと手帖

小泉禎久／著
待場苗子／イラスト

日本実業出版社

はじめに

　はじめて経理を担当した方から、「むずかしい」、「覚えることが多い」という声を聞きます。

　実は、本書は「税理士がアドバイス！　初めての経理」というブログをもとに、大幅に書き換えたものです。このブログは、ある顧問先で経理に採用した方に向け、経理の仕事として必要最低限の「これだけは知っておきたいこと」をまとめたものです。今ではその方もコツをつかみ、そつなく業務をこなしています。

　はじめての仕事は誰でも不安に思うものです。本書は、新入社員や派遣社員、人事異動等ではじめて経理を担当する経理初心者の、「経理の仕事をどう覚えていけばいいの？」という声に応えるために書いたものです。そのため、紙幣の数え方から、仕訳とはどんなことをするのか？、試算表のつくり方などまで、経理の初歩の初歩から説明しています。

　経理というとすごくむずかしくて職人的なイメージがありますが、実は、コツがあります。残高がマイナスになってはおかしいとか、請求書の見方にもコツがあります。このコツをつかめば、経理はむずかしくありません。本書では、経理実務に必要なコツを惜しみなく書いています。ぜひ、このコツを習得していただけたらと思います。

　本書は、経理の初歩の初歩の説明だけにとどまっていません。
　経理初心者でも、仕事に慣れてくると、少しずつ高度な仕事を任されるようになります。そこで、本書では、このような場合にも対応できるように、月次決算、年次決算についても説明をしました。まだ慣れないうちに任されることはありませんが、上司や先輩がやっている

仕事の内容も理解できるようにしています。

　また、はじめての人がつまずきやすい箇所はイラストを使って説明しています。
　たとえば、仕訳がわからない、仕事の流れがつかめないなど、つまずきやすい箇所があります。こうしたところはイラストを多用し、ビジュアル的にも理解できるようにしました。

　さらに本書では、経理担当者の仕事を、毎日の仕事、1か月ごとの仕事、1年に1回の仕事と分けて章立てをしています。経理の仕事は、毎日・1か月・1年のサイクルで、一定のパターンがあります。経理を担当して「今何をやっているのだろう」と感じたら該当箇所を読んでください。仕事の流れがわかるはずです。

　ビジネスパーソンは、仕事で疑問があれば手帖を見て解決しています。経理の仕事で疑問点があったときは本書を見て解決できればとの願いを込めて、『経理のおしごと手帖』というタイトルを付けました。経理は各社ごとにルールややり方、締め日等の違いがあります。本書では、手帖のように使ってもらえるように、自社のやり方を書き込める欄を設けています。
　本書が、経理初心者の方の仕事を助ける「手帖」の役目を果たせることを願ってやみません。

　　　　　　　　　　　　　　　　　　　　　　　　　　　　小泉禎久

　　　　　　　　　　　　　　※本書は2014年1月10日時点の法令に基づきます

経理のおしごと手帖

CONTENTS

はじめに

第1章　経理の仕事ってこんなものです

- 会社のお金の流れを管理……………………………………………008
- 会社を支える経理の仕事……………………………………………009
- 経理のスケジュール…………………………………………………010
- 経理が使う帳簿や証ひょう…………………………………………012
- 経理の基本ルール……………………………………………………014
- これくらい知らないと恥ずかしい！　経理の基本用語………020

第2章　簿記と仕訳をマスターしよう

- 簿記は会社のお金を整理するルールです…………………………022
  - お小遣い帳と簿記の違い（単式簿記と複式簿記）…………………022
  - 会社のお金は、まず、右と左に分ける　……………………………024
  - "簿記"のルールで記録するのはお金やものが動いたとき…………025
- 3つのステップで考えれば仕訳も簡単！……………………………026
- 勘定科目………………………………………………………………030
  - 「勘定科目」でお金を分ける　………………………………………030
  - ●資産のグループ……………………………………………………032
  - ●負債のグループ……………………………………………………034
  - ●純資産のグループ…………………………………………………037
  - ●収益のグループ……………………………………………………038
  - ●費用のグループ……………………………………………………039
  - 仕訳の単純なルール　………………………………………………042
- 1年目は5つのパターンだけ覚えよう………………………………044
  - その1　現金が入ってきたとき………………………………………045
  - その2　現金が出ていったとき………………………………………046
  - その3　ものが売れたとき（売上があったとき）……………………047
  - その4　ものを仕入れたとき…………………………………………048
  - その5　水道光熱費などの経費の支払いをするとき(経費の後払い)…049
- 間違いやすい勘定科目………………………………………………050
- 困ったときには………………………………………………………051

第3章　毎日の経理の仕事

- ●1日の経理の仕事……………………………………………… 054
  - 出社してまずすること ……………………………………… 054

午前中の仕事

- ●現金出納業務………………………………………………… 056
  - 出納担当者の基本ルール …………………………………… 056
  - 現金出納～経費の精算～ …………………………………… 058
  - 現金出納～交通費等の精算～ ……………………………… 058
  - こんな領収書はどうする？ ………………………………… 060
  - 現金出納～仮払金～ ………………………………………… 062
  - 現金出納～営業が集金してきた領収書の処理～ ………… 064
- ●伝票を書いてみよう………………………………………… 066
- ●仕訳帳のつくり方…………………………………………… 068
  - 【昼休みの前に】……………………………………………… 069

午後の仕事

- ●預金の管理…………………………………………………… 070
  - 3つの預金管理業務 ………………………………………… 072
  - 当座預金の管理 ……………………………………………… 074
  - 手持金庫の現金の補充 ……………………………………… 074
  - 取引先からの振込みの確認 ………………………………… 075
  - 振込手数料の処理 …………………………………………… 076
  - 買掛金・未払金・給料の支払い …………………………… 077
- ●小切手の扱い方……………………………………………… 078
  - 小切手を受け取ったとき …………………………………… 079
  - 小切手を振り出すとき ……………………………………… 079
- ●手形（約束手形）の概要と扱い方………………………… 080
  - 約束手形を受け取ったとき ………………………………… 081
  - 約束手形を振り出すとき …………………………………… 081
- ●代表社印、社印、銀行届出印……………………………… 083
- ●現金出納帳のつくり方……………………………………… 084
- ●勘定元帳と総勘定元帳のつくり方………………………… 086
- ●現物と帳簿のチェック……………………………………… 088
  - 現金が合わないときは… …………………………………… 090
- ●誤りやすい勘定科目………………………………………… 092
  - 交際費 ………………………………………………………… 092
  - 消耗品と備品 ………………………………………………… 094
- ●帳票・証ひょうは保存が必要です………………………… 095
  - 【終業】お疲れさまでした！………………………………… 096

第4章　毎月の経理の仕事

- ● 1 か月の経理の仕事……………………………………………… 098

上旬の仕事

- ● 売上があったときの経理と事務処理の流れ…………………… 100
  - 請求書作成・帳簿転記・入金確認 …………………………… 100
- ● 間違いなく請求を行なうために………………………………… 105
- ● 源泉税の納付……………………………………………………… 106
  - 源泉所得税・住民税 …………………………………………… 106

中旬の仕事

- ● 月次決算…………………………………………………………… 108
  - ● 月次決算の手続き ……………………………………………… 109
  - ● 当座預金や普通預金の記帳 …………………………………… 109
  - ● 仮払金・仮受金等の整理 ……………………………………… 109
  - ● 経過勘定項目の計上 …………………………………………… 110
  - ● 月次在庫の確認と原価計算 …………………………………… 114
    - 棚卸・原価計算とは？ ……………………………………… 114
    - 売上原価の計算の仕方 ……………………………………… 116
  - ● 月割経費の計上 ………………………………………………… 118
  - ● 消費税のチェック ……………………………………………… 119
    - 消費税の仕組み ……………………………………………… 119
    - 消費税の処理のチェックポイント ………………………… 120
  - ● 試算表の作成 …………………………………………………… 122
    - 試算表って何？ ……………………………………………… 122
    - 残高試算表のつくり方 ……………………………………… 124
    - 残高試算表でミスをチェックする ………………………… 126

下旬の仕事

- ● 給料計算…………………………………………………………… 128
  - ● 給料計算の準備 ………………………………………………… 129
  - ● 給料の仕組み …………………………………………………… 130
  - ● 給料計算の流れ ………………………………………………… 132
    - 1、支給額の計算（各種手当と残業代の計算） ……………… 132
    - 2、給料明細の作成 …………………………………………… 134
    - 3、給料の支払い ……………………………………………… 134
  - ● 給料の仕訳 ……………………………………………………… 134
- ● 仕入をしたときの経理と事務処理の流れ……………………… 136
- ● 請求書業務を効率的に行なう方法……………………………… 140

第5章　年に1回の仕事

- ◎経理担当者の年間スケジュール　142
- ◎年末調整　144
  - ●年末調整の準備 → 11月中に行なおう！　146
    - 必要な用紙を準備する　146
    - 説明会に参加する　147
  - ●年末調整の計算をする　148
    - 1年間の給与所得額の計算　148
    - 控除額を計算する　148
    - 税率を確認し、所得税の額を計算　150
  - ●源泉徴収票の作成　151
    - 過不足の精算と給料明細への表示　151
  - ●法定調書の作成　152
- ◎決算事務の流れ　153
  - ●決算で行なう仕事（決算準備）　154
    - 実地棚卸　154
    - 前払費用・未払費用・未収金・未払金の確認　154
    - 減価償却資産と固定資産の管理　156
    - 決算整理の仕訳　158
    - 決算の内容チェック　159
  - ●納税　160
    - 納付忘れがあった！ 提出書類を間違えた！ 提出が遅くなった！　161
- ◎税務調査　162

第6章　頼られる・好かれる経理になるために

- ◎経理はコミュニケーションが大事　164
  - お金を扱う部署だからこそ、「報連相」を大事に　164
  - 先輩・上司とのコミュニケーション　166
- ◎ベテラン担当者は、先回りして仕事をしている！　166
- ◎偉い人の書類のミスを見つけたとき　167
- ◎いろんな質問にどう答えるか　168
  - 個人情報・非公開情報は教えない　169
  - 判断に迷ったら上司に相談　169
- ◎ムリなお願いの断わり方　170

付録・主な勘定科目一覧表　172

カバーデザイン・モウリマサト／本文ＤＴＰ・德永裕美（ムーブ）

経理の仕事ってこんなものです

●会社のお金の流れを管理

　会社は、ものを売ったり、ものをつくったりして、お金を儲けています。たとえば、仕入先から商品を購入し、その商品をお客さんに販売して利益を得ています。このとき、必ず誰かと、ものやお金のやりとりをしています。

　会社が事業を行なっていくうえでは、現金、預金、手形などの「お金」、「もの」が動きます。このように、**「お金」**や**「もの」**のやりとりをすることを**「取引」**といいます。

　経理の仕事は、この取引を管理することがメインになります。

　どんな商売でも売上をあげることが第一目標。しかし、営業担当者がいくら頑張っても、お金の管理がルーズであれば会社は倒産するかもしれません。経理担当者は、会社に入ってくるお金や出ていくお金がルーズにならないように管理しています。

会社を中心にしたお金の流れ

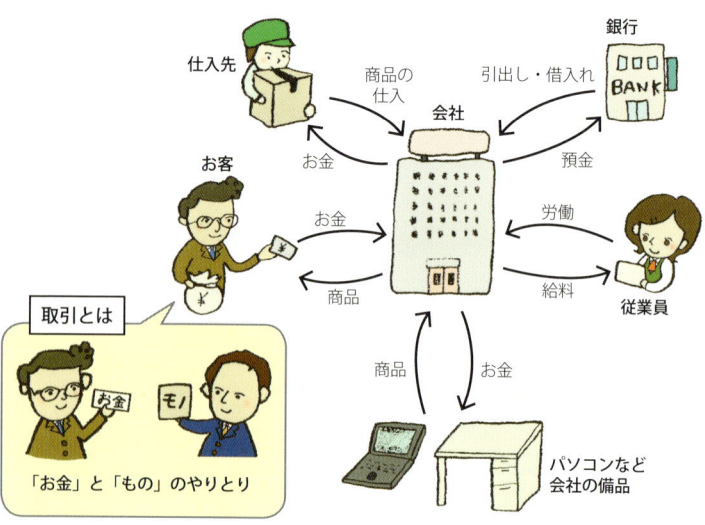

●会社を支える経理の仕事

　経理担当者の仕事というと、金銭の出入りや取引の内容などを記録するための伝票や帳簿を作成したり、現金・預金といったお金を扱っているイメージがあります。こうした仕事ももちろん大事ですが、それだけではありません。

　日々つけている帳簿をもとに年間のお金の動きをまとめたり（決算）、賃金の支払いや納入業者への支払いに充てるために資金繰りに走ることもあります。また、コストがかかりすぎていないかを見るコスト管理や設備投資をいつ行なうかなどを決める、経営計画の策定に関わることもあります。

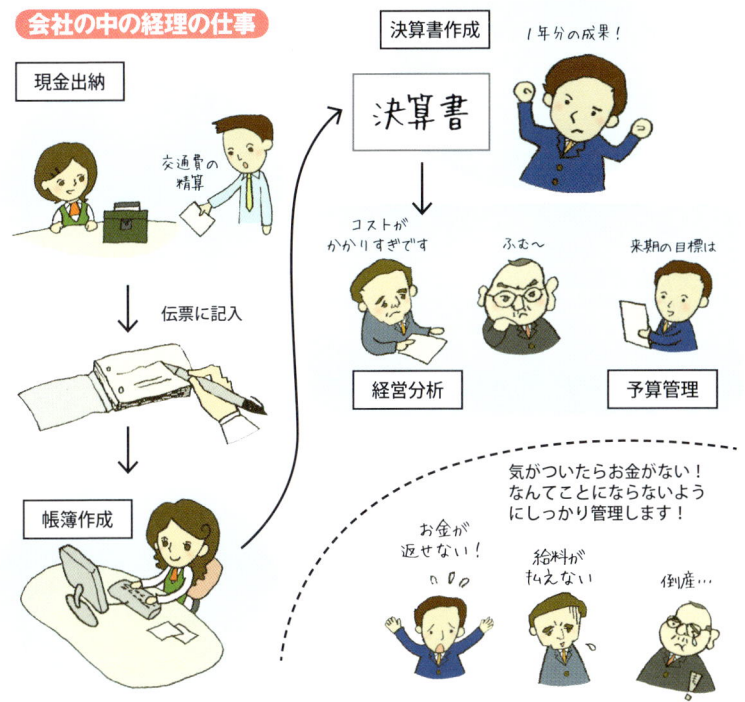

第1章　経理の仕事ってこんなものです

●経理のスケジュール

　経理をはじめて担当したときは、仕事の優先順位がつかめないうえ、いつまでにその仕事を終わらせればよいのかわからなくて戸惑うものです。でも、「毎日の仕事」、「毎月の仕事」、「1年の仕事（年1回の仕事）」を覚えると、効率よく仕事ができます。

主な毎日の仕事

▶お金の精算

現金の管理・出納業務（現金や預金の出し入れ）、各種伝票の作成（起票）やその整理を行ないます。
経理に配属されたばかりのときには、この現金の管理・出納業務を担当することが多いようです。

▶現金の管理

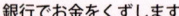

銀行でお金をくずします

お金の出し入れの記録を伝票にまとめます

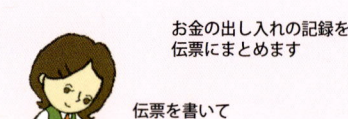

伝票を書いて

ファイルに整理

毎月の仕事

▶給料の振込み

そのほか、税金や各種支払いもあります

▶資金繰り

ベテランの部課長や社長が行ないます

月次決算、給料の計算、そして給料からの税金の支払い（源泉徴収といいます）が、毎月の仕事です。

また、月末近くになれば、給料支払いや仕入れた商品の支払い等に必要なお金を準備するための資金繰りをします。資金繰りの仕事は、会社のお金が足りなくならないように銀行からの借入れなどを行なうものです。ベテランの経理担当者や部課長、ときには社長が行なうこともあります。

1年の仕事（年1回の仕事）

▶決算

年に1回、決算があります（会社によっては、もっと多く決算をするところもあります）。決算は、毎月の月次決算を見直し、1年間の会社のお金の動きを見ながら、どれだけお金が出ていったか、どれだけお金が入ってきたか（損益といいます）を確定させる業務です。

●経理が使う帳簿や証ひょう

　経理の仕事では、さまざまな書類を扱います。これらは、**「帳簿」**や**「証憑」**（以下、証ひょう）といわれています。

　取引の内容を日々記録していくものが、「帳簿」です。そのうち取引が発生した日付順に記入する「仕訳帳」と、すべての取引を記録する「総勘定元帳」は絶対に必要なものなので、**「主要簿」**と呼ばれています。

　主要簿に対応して**「補助簿」**というものもあります。補助簿は、現金の取引だけを記録する「現金出納帳」、ある仕入先との取引だけを記録する「仕入先元帳」など、日々行なう取引の内容ごとに、記録をしていくものです。
　補助簿は、総勘定元帳に記入できない内容を補ったり、補助簿の記録と総勘定元帳の記録を照らし合わせ、ミスを防ぐために利用します。

　経理ではこのほか、「証ひょう」というものを使います。証ひょうとは、取引があったときに作成される資料のことです。たとえば、銀行取引をしたときに作成される「振込金受領書」、仕入先から送られる「見積書」、「納品書」、「請求書」などが証ひょうです。
　お金のやりとりがあったときに、ただ「支払いました」と言われても、本当に支払われたかどうかの証拠を残すことができません。証ひょうがあれば、架空でなく、本当に取引があったことを客観的に証明できます。

帳簿の種類

社内 = 主要簿

- 総勘定元帳
- 仕訳帳

すべてをここに記録

日付順に取引を記録

補助簿

- 現金出納帳
  お金の出入りと残高を記録

- 仕入先元帳
  仕入れ、外注、買掛金等 仕入先との取引を記録

- 固定資産台帳
  土地、建物等を記録

- 預金出納帳
  当座預金、普通預金等の増減を記録

社外 = 証ひょう

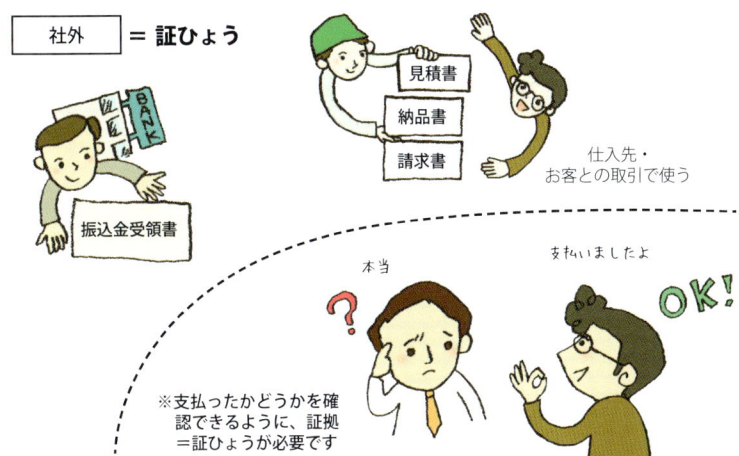

見積書 / 納品書 / 請求書
仕入先・お客との取引で使う

振込金受領書

※支払ったかどうかを確認できるように、証拠＝証ひょうが必要です

第1章　経理の仕事ってこんなものです

●経理の基本ルール

経理をはじめて経験する方のために、経理の基本ルールを紹介します。早速、マスターしましょう。

経理の基本ルール1（伝票記入）

① 伝票や帳簿への記入が必要になったら、速やかに行なう
② 鉛筆やシャープペンシルではなく、ボールペンを使って記入する（書き替えができないように！）
③ 読みやすい文字で、行の2／3くらいを使用して書く（間違えたときに訂正を入れるため）

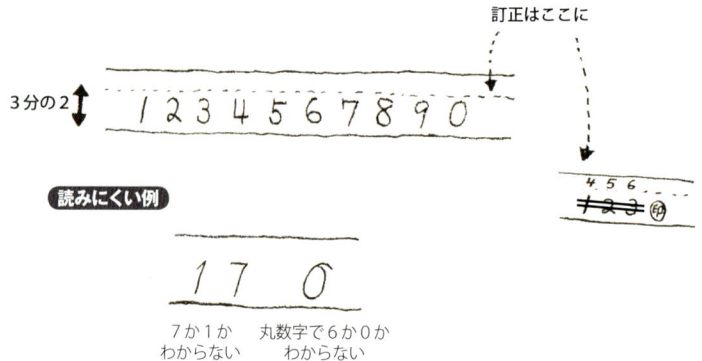

〈終わったら〉

- 記入を終えたら、内容を見直す（正しく記入できているかが大事！）
- 伝票を作成したら、忘れないように、確実に総勘定元帳、補助簿の作成も行なう
- 伝票を作成したら、不正やミスがないことを確認してもらうため、最後に上司の承認（承認印）を受ける

※正しく、早く、わかりやすくを心がけて！

記入した数字の訂正法

伝票の記入を間違えた場合、その場所に二重線を引き、上に訂正印を押します。訂正印は、誰が訂正したかがわかるようにするためのものです。

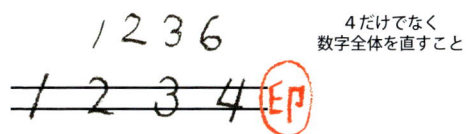

4だけでなく
数字全体を直すこと

！注意点
❶ 修正液を使って修正しない
❷ 2桁以上の数字の1字だけを直すときも、間違った数字だけでなく、数字全体を訂正する
❸ 訂正印は普通の印鑑より少し小ぶりのものを使う

線の引き方と意味

手書きの伝票や帳票に、線が引いてあることがあります。
これもすべて意味があります。
❶ 斜めの線は記入がない行に、後からの記入を防ぐために引くものです
❷ 赤線1本は合計線といいます。合計線より上の金額を合計して、その金額を合計線のすぐ下の行に書きます
❸ 締切線は赤の二重線。記入はここで終わりということです

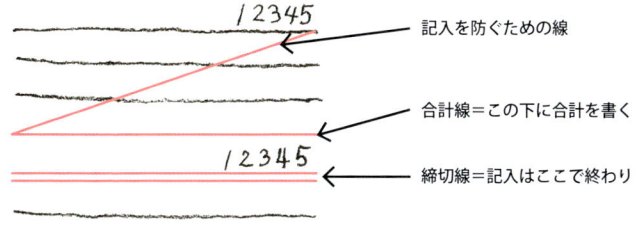

経理の基本ルール2　(数字の桁)

500万という数字を、「5000000」と書く人がいますが、これでは読みにくいですね。

桁の大きい数字を書くときは、数字の3つごとに桁を区切って「,」を付けます。読むときも、3つごとの「,」を目印にします。

なかには、5,000千円と、単位が「千円」になっていることがあります。これは、桁が大きいので、千円という値を基準に表記しています。

このような表記の場合、「,」が1つだと100万円、2つのときは10億円と覚えるとわかりやすいと思います。

次のルールを覚えれば、数字を簡単に読み書きできるようになります。

❶ 通常の表記→「,」が1つだと千、2つだと100万、3つだと10億

1,000　→ 1つは千

1,000,000　→ 2つは100万

1,000,000,000　→ 3つは10億

❷ 単位が「千円」→「,」が1つだと100万、2つだと10億

・**1,000 千円**　→ 1つは100万

・**1,000,000 千円**　→ 2つは10億

覚えちゃえばラクだね

経理の基本ルール3（機密保持）

経理部門は、従業員・役員の給料情報、売上実績、損益など、他の社員は知ることができない重要な情報に触れる機会が多くなります。したがって経理担当者は、秘密保持、情報漏洩について注意が必要です。

仲のいい同僚が、それとなく聞いてくることもあるかもしれませんが、「それは私にはわからない」「会社の機密事項だから言えない」と、上手に逃げましょう。

機密保持のために注意すること！

・帳簿や伝票を机の上に出したまま席を外さない

・賃金台帳や社会保険、健康診断などの書類を目のつく場所に置かない

・内部の話を他社の人に聞かれないようにする

▶経理担当者が守るべき情報

- 社員・役員個人の給料や賞与の情報
- 役員の異動に関する情報
- 決算の数字や業績の予想・修正に関すること
- 会社の株式や配当に関すること
- まだ発表されていない発明や特許の情報
- 合併やM＆Aに関する情報

経理の基本ルール４（お札の数え方）

　現金出納の業務では、お札をよく数えます。でも、お札を１枚１枚机に置いて、枚数を数えていてはちょっと恥ずかしいですね。スマートなお札の数え方を簡単に紹介します。

❶まず、左手の小指と薬指でお札をはさみます。はさむ位置はお札の下から４分の１あたり

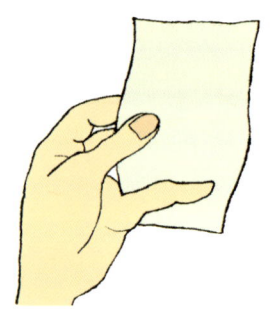

❷親指と人指し指でお札の４分の３の位置をはさみます

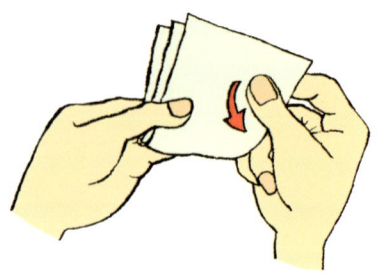

❸左手の親指で右側にお金をスライドさせます。スライドさせたお金を右手の親指と人差し指でつまんでいきます

新札は１枚１枚ずらしにくいので注意！

経理の基本ルール5 （迅速かつ正確に）

　経理以外の社員から見ると、経理担当者は「仕事が正しくて当たり前」と思われています。「人間誰でも間違うもの」と言いたいかもしれませんが、周囲の期待に応えて、正確な仕事を心がけましょう。

　ただし、いくら正確にといっても、あまりに遅いのも困ります。

　会社の経営者や役員は、経理が作成する資料を見て、会社の利益を上げるためにいま打てる策はないか、今後どんな経営を行なっていくべきか、といったことを判断します。そのとき、経理からの資料が遅れては、判断が遅くなってしまい、適切に会社を動かしていくことができません。役員会を開催するのに、まだ経理資料ができていないというのでは、ダメです。

　迅速かつ正確な業務を行なうために、次のことを心がけましょう。

速く正確に業務を行なうために

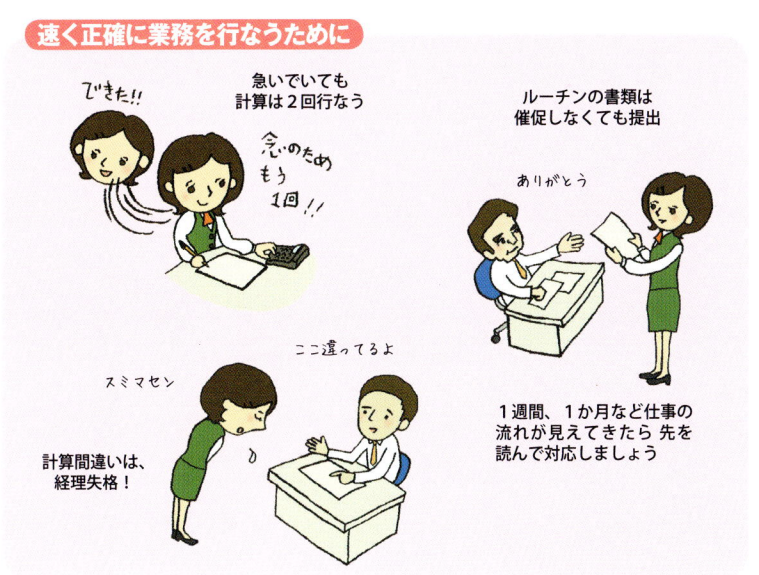

●これくらい知らないと恥ずかしい！　経理の基本用語

はじめて経理を担当すると、聞き慣れない言葉が飛び交っていると思います。最低限知っておいてほしい言葉だけ説明します。

・仕訳

仕訳は、簿記上の取引を、それぞれ適切な勘定科目を定めて、ふるい分けることです。仕訳と書くべきところを「仕分け」とミスする人がいますので注意してください。

・勘定科目

複式簿記の仕訳や財務諸表などで使う表示金額の名目を表わす項目のことです。単に「勘定」と呼ばれることもあります。雑費、消耗品費のように、「〜費」の「〜」にあたるものと理解しておきましょう。

・元帳

簿記の一番もととなる主要帳簿をいいます。これは勘定科目ごとに増減を記入して作成されます。これがないと経理にならないといっていいほど、よく使う帳簿です。

・計上する

辞書によると、計上とは「あるものを全体の中に含めて、数え上げること」とあります。経理では、「これ交際費に計上しておいて」と使ったりしますが、ある取引をある勘定科目（交際費等）に含めて集計することをいいます。

・損金

税法の用語で「経費」を意味します。

簿記と仕訳を
マスターしよう

●簿記は会社のお金を整理するルールです

　経理というと、「簿記」を思い浮かべる人もいるでしょう。

　簿記は「帳簿に記録すること」の略といわれ、帳簿に、お金が何にいくら使われたのかを記録するためのルールを定めたものです。帳簿とは、お小遣い帳や家計簿などのように、お金の出し入れがきちんとわかるように記録しておくためのものです。

　会社が事業を行なっていくうえでは、商品を仕入れたり販売したりと、さまざまなお金の出入りが発生します。

　経理では、この出入りを帳簿に記録していきますが、ルールを定めておかなければ、他の誰かが帳簿を見たときに、何が書いてあるのかわからなくなってしまいます。こういう不便がないようにルールに従って帳簿を書くことにしているのです。

お小遣い帳と簿記の違い（単式簿記と複式簿記）

　簿記というとむずかしく感じますが、日常生活でも使っています。

　たとえば、お小遣い帳も実は簿記を使って記入しています。

　思い出してみてください。お小遣い帳は、お金を使ったときにその使い道を摘要欄に、使った金額を所定の欄に書き入れます。お金が入ったときも同じですね。

　なかには、お金が入ったとき（収入）は＋（プラス）、出ていったとき（支出）は－（マイナス）の記号を付けて記録するものもあります。実は、これは**「単式簿記」**といわれるもので、れっきとした簿記だったりします。

　一方、会社で使う簿記は、**「複式簿記」**です。複式というだけあって、金額が増えたり減ったりしたときに、＋や－の記号ではなく、左（**借方**といいます）と右（**貸方**といいます）の2つの欄に分けて金額

を記入していきます。

　また、会社の帳簿では、摘要欄に1つひとつ内容を書き入れるのではなく、**「勘定科目」**というあらかじめ決められた項目で、どんな取引が行なわれたかを記入していきます。もし勘定科目を使わず、それぞれの担当者が好き勝手なルールで用途を書いていたら、どんな支出や収入が多かったのかが、わかりづらくなってしまいます。そこで、あらかじめ勘定科目という分類を定めておいて、それに従って区分していきます。

お小遣い帳と会社の帳簿

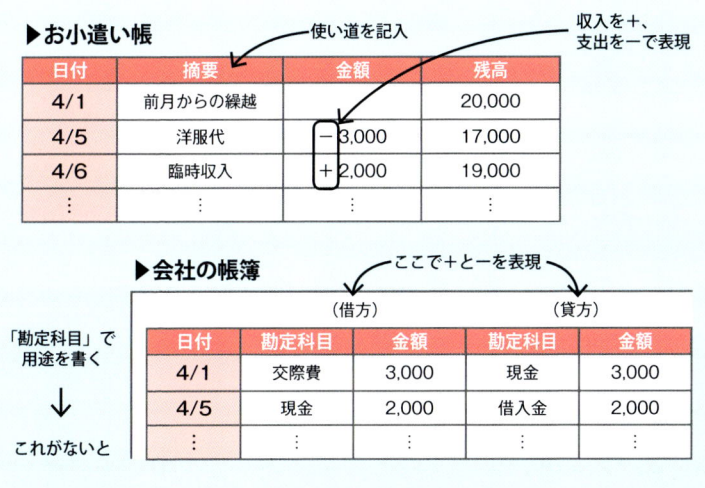

会社のお金は、まず、右と左に分ける

　先ほど説明したように、簿記では、すべての取引を2つ（借方、貸方）の項目に分けて記録します。

　では、どう分けるのかというと、取引を2つの事実に分解して記録するのです。

　たとえば、「ボールペンを100円で買った」という場合、

- ボールペンを手に入れた

- 現金100円を支払った

などと、「手に入れたもの」（ボールペン）と、「出ていったもの」（現金100円）に分けて、とらえていきます。

　お金を払ったり受け取ったりしたときには、必ず、何か理由があります。仕訳では、**「お金がいくら動いた」という事実**と、**「その理由」になる事実**（ものを買ったなど）の2つの事実について、記録しているわけです。

　このように、勘定科目を使って左（借方）と右（貸方）に分ける作業を**「仕訳」**と呼びます（先輩は、「仕訳をきる」と言ったりします）。仕訳をきることで、取引で「手に入れたもの」と「出ていったもの」を分類しているのですね。

"簿記"のルールで記録するのはお金やものが動いたとき

簿記のルールに則って帳簿に記録したり計算したりするのは、現実にものやお金の動きがあったときです。契約書を交わしたり、注文を受けたりしただけでは、お金が動いていませんので、記録は必要ありません。

たとえば、コーヒーショップにお客さんがやってきたとします。お客さんからオーダーを受けただけでは、ものやお金が動いていないので、記録する必要はありません。料理を出したときと代金を受け取ったときに、やっとものやお金が動くので、簿記のルールに則って帳簿に記録する必要があります。

▶仕訳 「お金が動いた事実」と「動いた理由」に分ける

・ボールペンを100円で買った

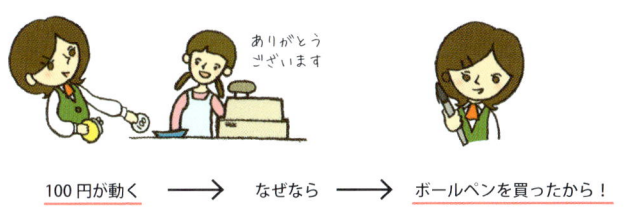

100円が動く　→　なぜなら　→　ボールペンを買ったから！

・ただし、記録するのは、お金とものが動いたときです

この時点では、まだ取引になっていない（ものとお金が動いていない）ので、記録不要　　コーヒー（もの）とお金が実際に動いたので取引が成立＝記録が必要

● 3つのステップで考えれば仕訳も簡単!

　このように、仕訳は、すべての取引を2つの面からとらえ、借方、貸方に分けて記録することをいいます。

　仕訳というとむずかしそうと思いがちですが、やっていることは、
1. 取引を一定のルール（勘定科目）に従って分類し、
2. その取引がいくらだったのかを、帳簿に記録している

　にすぎません。

　さて、ここで実際の仕訳を見てみましょう。

> **（借方）　現金 1,000　（貸方）売上高 1,000**

　はじめて見ると、意味がわからないかもしれませんね。

　まず、（借方）を見てみましょう。現金　1,000 となっています。簿記では特に断わらない限り、基本的に単位は円です。「現金 1,000 円」に、何かヒントがあると思いませんか。

　実は、これは、現金 1,000 円が入ってきた（現金残高に 1,000 円増加）という意味です。

　　（借方）　　現金　1,000 円が入ってきた

　次に、（貸方）を見てみましょう。「売上高 1,000」とあります。この場合は、1,000 円の売上があった（売上が 1,000 円増加）ということを意味しています。

　　（貸方）　　1,000 円の売上があった

　合わせて考えると、「現金 1,000 円が入ってきた」、その理由は「1,000 円の売上があった」ということになりますね。

(借方) 現金 1,000 円　　　　　　(貸方) 売上高 1,000 円

ボールペンを 100 円で買ったとします。

貸方　"出ていった現金は 100 円"
借方　"現金が減った理由は、ボールペンを買ったから"

（借方）消耗品費（ボールペン）　100　　（貸方）現金 100

となります（後で説明しますが、現金が出ていったときは右側の「貸方」に記録します）。

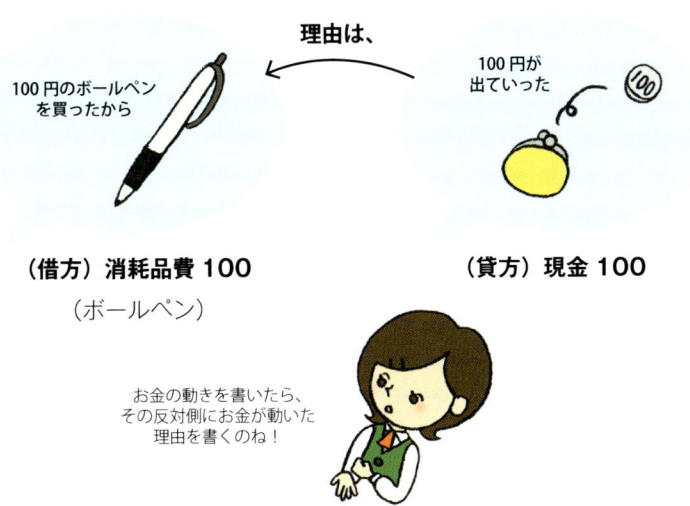

(借方) 消耗品費 100　　　　　　(貸方) 現金 100
　　（ボールペン）

お金の動きを書いたら、その反対側にお金が動いた理由を書くのね！

簿記をはじめたばかりのうちは、どう仕訳をしたらいいのか迷うことがほとんどです。

しかし、こんなふうに順に考えていくとわかりやすいでしょう。

(STEP 1) 借方、貸方、いずれか一方、自分が知っているほうの勘定科目を記入します

"何が入ってきたか""何が出ていったか"に着目するとわかりやすいと思います。

最初は、自分のお金や財産（資産）が増えたら（借方）、自分のお金が出ていったり借金が増えたら（貸方）と考えておきましょう。

(STEP 2) 取引の金額を記載します。たいてい、請求書や領収書に書いてある金額を記入すれば、OKです

このとき、借方・貸方に同額を記載します。先ほどのボールペンの例では、100ですね。

(STEP 3) 記入していない科目（相手科目）の勘定科目を記入します

先ほどの例では、その現金が出ていった理由、つまり「ボールペン（消耗品費）を購入した」となります。

最後に**借方金額＝貸方金額**となっているか、必ず確認してください。借方金額＝貸方金額になっていないと、決算書を正しくつくることができません。

100円のボールペンを買ったときの仕訳

(STEP 1) "何が入ってきたか""何が出ていったか"に着目

(借方)	(貸方)
	現金

現金が出ていったから貸方

(STEP 2)

(借方)	(貸方)
100	現金 100

金額100円を記入

ここは同じ数字になることを確認

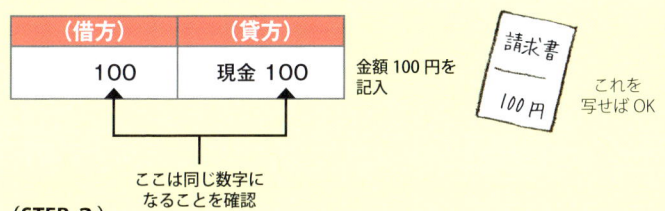

これを写せばOK

(STEP 3)

(借方)	(貸方)
消耗品費 100	現金 100

現金が出ていった理由

ボールペン(=消耗品)を買ってきた

借方と貸方の金額は絶対同じなの？

そう

第2章 簿記と仕訳をマスターしよう

●勘定科目

「勘定科目」でお金を分ける

　会社で、モノやお金の出入りがあったとき、その理由を明らかにする必要があります。勘定科目は、その理由を示すために用います。帳簿や決算書にある「現金」、「受取手形」などが、勘定科目です。

　最初は、「こんなに覚えるのは、大変！」と思うかもしれません。でも、月1回使う勘定科目や年1回程度しか使わない勘定科目は徐々に覚えればいいでしょう。

　簿記では、すべての取引を2つ（借方・貸方）の取引に分けると同時に勘定科目を付けていきます。これでどの勘定科目が減ったか、増えたかを記録します。最終的にこれを**5つの勘定グループ（資産、負債、純資産、収益、費用）**に分けて、決算書を作成します。それぞれ解説していきましょう。

5つの勘定グループ

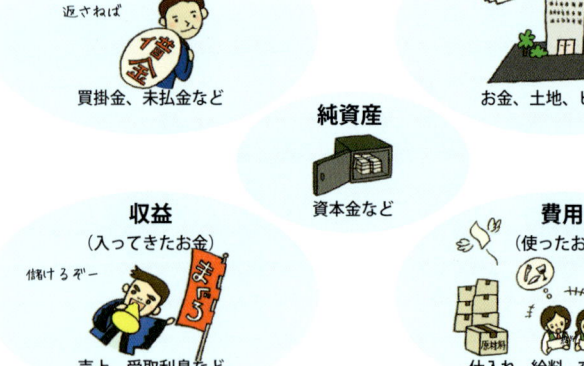

勘定グループに分けて決算書をつくるイメージ

- ボールペン100円を買った

●資産のグループ

　資産とは、要は、会社の財産になるものです。具体的には、現金、預金、商品、車、建物などの価値のある財産（財貨）と、売掛金、貸付金、未収入金等の債権が含まれます。債権というのは、今後お金が入ってくることが約束された権利のことです。

　仕訳をするときは、この取引がどの勘定科目に当てはまるのかを決定し、その後、資産が増加したのか、減少したのかを考えます。

　資産が増加したなら「借方」へ、減少したなら「貸方」へ記入します。増えたときに借方になるか貸方になるかは、勘定科目グループごとに異なるので、早めに覚えて慣れてしまいましょう。

〈仕訳の例〉売上代金 100,000 円を普通預金で受け取った

　普通預金は、資産。資産が増えたら「借方」になるから…

（STEP 1）資産が増えたので、借方に「普通預金」と記入

（借方）	（貸方）
普通預金	

　※資産が増えたので借方

（STEP 2）取引の金額 100,000 円を借方・貸方、両方に記入

（借方）	（貸方）
普通預金　100,000	100,000

　※同じ額

（STEP 3）相手科目の勘定科目を記入。今回は商品を売り上げているので、「売上高」を貸方に記入

（借方）	（貸方）
普通預金　100,000	売上高　100,000

　※商品を売った

資産のグループに属する主な勘定科目

勘定科目	例示
現金	硬貨、紙幣
当座預金	手形・小切手を決済する(現金に換える)ための預金
普通預金	銀行預金
受取手形	受け取った手形
売掛金	商品を掛(36ページ参照)で売ったときに、将来支払われる金額(未回収部分)
未収入金	商品以外のものを掛で売ったときに、将来支払われる金額(未回収部分)
貸付金	役員や従業員等への貸付
商品	期末に持っている在庫
仮払金	経理から出金はあったが、まだ精算されていないもの
建物	本社ビル、工場建物等
車両運搬具	営業車、トラック等
備品	事務机、応接セット、コンピュータ等

手形・小切手だけ使います

後で支払います

早く精算してください

売掛金は商品の掛売り

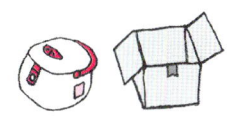

まぎらわしいので注意!

未収入金は商品以外の掛売り

社屋・不動産など

第2章 簿記と仕訳をマスターしよう

●負債のグループ

　負債は、借入金、買掛金(かいかけきん)、支払手形など、会社が今後、支払わなければならないお金、いわゆる借金です。財産である資産に対し、負債はマイナスの財産ともいえますね。

負債が減少したら「借方」へ、増加したら「貸方」へ記入します。

〈仕訳の例〉500,000円の商品を仕入れ、代金を掛(かけ)(買掛金)で払った

(STEP 1) 負債が増えたので、貸方に「買掛金」と記入

　　　　（借方）　　　　　　　　（貸方）

　　　　　　　　　　　　　　　　買掛金　←負債が増えたので貸方

(STEP 2) 取引の金額500,000円を借方・貸方、両方に記入

　　　　（借方）　　　　　　　　（貸方）
　　　　500,000　　　　　　　　500,000
　　　　　　　　　　同じ額

(STEP 3) 相手科目の勘定科目を記入。今回は商品を仕入れているので、「仕入」と借方に記入

　　　　（借方）　　　　　　　　（貸方）
　　　　仕入　500,000　　　　　買掛金　500,000

　負債が増えた理由は仕入

　お金を払って仕入れたわけです

負債のグループに属する主な勘定科目

勘定科目	例示
支払手形	約束手形の振出し
買掛金(かいかけきん)	商品、原材料等でまだ支払っていない代金（未払い部分）
未払金(みばらいきん)	商品、原材料等以外の代金未払い部分
預り金	源泉所得税、社会保険料等
未払費用	給料の未払い等
借入金	銀行等からの借入金
未払消費税等	消費税の未払い分
未払法人税等	法人税・住民税等の未払い分
賞与引当金（未払賞与）	従業員賞与の当期末までに対応する金額
退職給付引当金	退職金のうち当期末までに対応する金額

買掛金

商品・原材料等を買ってまだ支払っていないもの

まぎらわしいので注意！

未払金

社屋・不動産等を買ってまだ支払っていないもの

第2章 簿記と仕訳をマスターしよう

【「掛」って何？】

あなたがスーパーに行って食料品を買うとします。そのとき食料品と引換えに、その場で代金を払いますね。

しかし、レストランを経営する会社が、食料品の卸売り業者から食料品を購入した場合、その場で代金を支払わないで、後日、たとえば1か月後などに、まとめて支払うことがあります。

この後日になってから支払う代金のことを**「買掛金」**といいます。

今度は、食料品を売った卸売り業者の目で考えてみましょう。こちらは、後日代金を受け取り（回収）ます。この、後日回収する代金を**「売掛金」**といいます。

なぜ、こんなことをするのかというと、月に何度も同じ取引がある場合、そのたびに1回1回お金のやりとりをするのは面倒です。だから、期間を決めてまとめて処理するのです。

買掛金　　　　　　　　売掛金

後で支払います　　　　後で支払ってね

●純資産のグループ

　純資産は、会社を設立したときの出資金とその後に得た利益の蓄積です。会社を起こすためには、お金が要ります。そのときに、自分のお金を持ち出したり、誰かに出資してもらったりしますが、そうしたお金がここに入ります。要は会社の資産のなかでも「返さなくてよい」お金です。

　下に、純資産グループに属するものを例示しました。

　この項目は、増資（出資金を増やすこと）・減資（出資金を減らすこと）など、特別な場合にだけ、経理処理します。そのため、結論からいえば、日常の経理事務ではあまり出てきません。これらの仕訳は特殊なので、先輩や顧問税理士に聞くのが無難です。

純資産のグループに属する主な勘定科目

勘定科目	例示
資本金	会社を設立したときの出資金（会社設立のときに集めたお金が資本金になります）
任意積立金	特定目的の積立金
繰越利益剰余金	前期までの利益の累計（今までに貯まったお金）

●収益のグループ

収益は、売上に代表されるように会社の稼ぎの源泉、つまりお金が入ってきた理由を示すものです。

収益を増加したいときは「貸方」、逆に**減少したいなら「借方」**へ記入します（収益の減少は、売上の値引きをした場合や仕訳の間違いを修正するときに使います）。

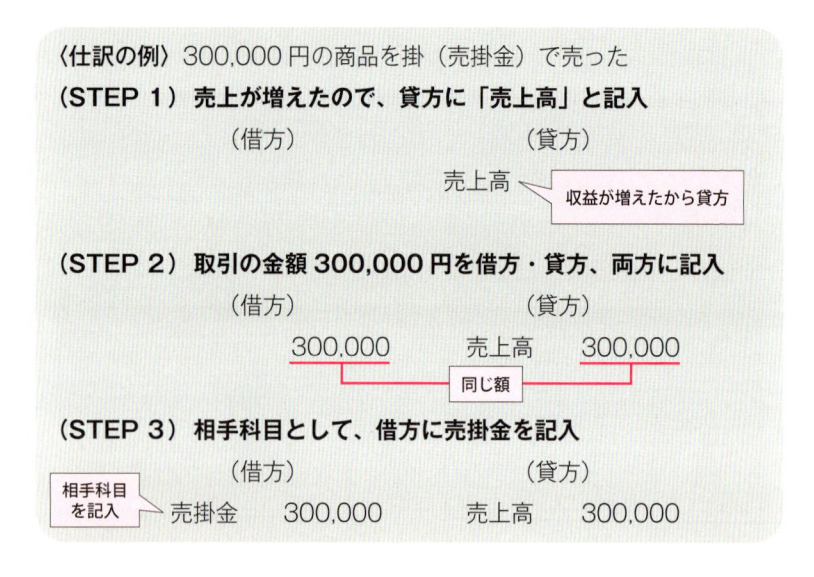

〈仕訳の例〉300,000円の商品を掛（売掛金）で売った

（STEP 1）売上が増えたので、貸方に「売上高」と記入

　　　　　（借方）　　　　　　　　　（貸方）

　　　　　　　　　　　　　　　売上高　　［収益が増えたから貸方］

（STEP 2）取引の金額300,000円を借方・貸方、両方に記入

　　　　　（借方）　　　　　　　　　（貸方）
　　　　　300,000　　売上高　　300,000
　　　　　　　　　　［同じ額］

（STEP 3）相手科目として、借方に売掛金を記入

　　　　　（借方）　　　　　　　　　（貸方）
［相手科目を記入］　売掛金　300,000　　売上高　300,000

収益のグループに属する主な勘定科目

勘定科目	例示
売上高	商品の販売
受取利息	預金利息
受取配当金	配当
雑収入	本業以外の少額の儲け
固定資産売却益	車両などの会社の資産を売却して生じる利益

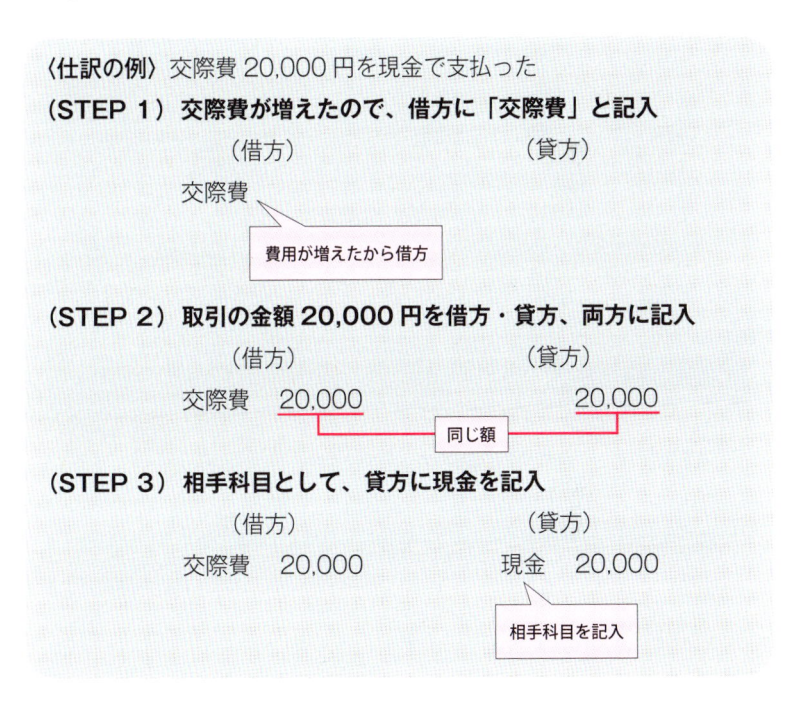

●費用のグループ

費用は、給料、旅費、広告宣伝費のようなコストです。要は、お金を「何に使ったか」ということですね。

費用を増加させたいのなら「借方」へ、減少させたいのなら「貸方」へ記入します。

〈仕訳の例〉交際費 20,000 円を現金で支払った

(STEP 1) 交際費が増えたので、借方に「交際費」と記入

```
    （借方）              （貸方）
  交際費
```
　　　費用が増えたから借方

(STEP 2) 取引の金額 20,000 円を借方・貸方、両方に記入

```
    （借方）              （貸方）
  交際費  20,000             20,000
```
　　　　　　　　同じ額

(STEP 3) 相手科目として、貸方に現金を記入

```
    （借方）              （貸方）
  交際費  20,000        現金  20,000
```
　　　　　　　　相手科目を記入

費用のグループに属する主な勘定科目

勘定科目	例示
仕入	商品の仕入等
役員報酬	役員に支払う報酬
給料	従業員に支払う基本給・諸手当
賞与	従業員に支払う賞与
交際費	得意先との接待等で使った費用
会議費	社内・得意先等との打ち合わせで使った費用
旅費交通費	出張のときに使った費用（出張旅費）や出張に伴って支払う日当など
広告宣伝費	商品カタログ代など、広告・宣伝に使ったもの
減価償却費	車両等の購入費を、利用した期間に少しずつ負担させた経費
支払利息	借入金に対する利息
手形売却損	手形の割引料
固定資産売却損	車両等の固定資産を売却したときに生じる損失
法人税等	会社が出した利益に対して負担する（課税される）税金

【「減価償却」って何？】

　車などの固定資産は、ずっと買ったときと同じ価値を持つとは限りません。車を買って、何年か後にカー・ディーラーに売った場合、新品のときと同じ値段で買ってくれることはありません。そうしたことを念頭に、車や建物などの固定資産は、何年かに分けて少しずつ「費用」に入れていきます。これを減価償却といいます。

減価償却

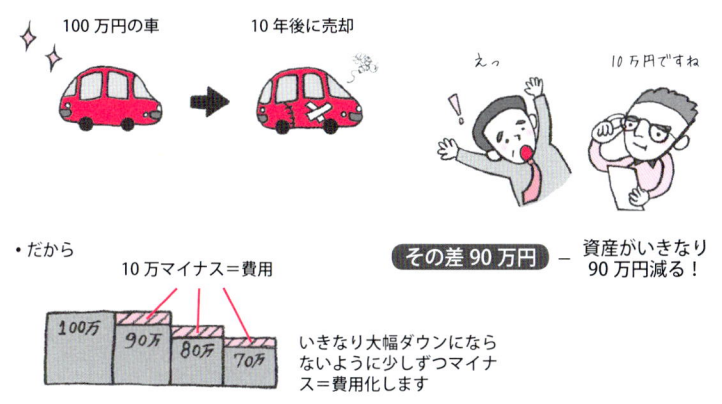

100万円の車 → 10年後に売却

えっ　10万円ですね

・だから
10万マイナス＝費用

その差 90万円 － 資産がいきなり90万円減る！

100万 → 90万 → 80万 → 70万

いきなり大幅ダウンにならないように少しずつマイナス＝費用化します

※買った金額の100万円を一度に費用にすることはできません

仕訳の単純なルール

簿記の勉強で、最初につまずくのが、仕訳です。しかし、ルールをつかむと意外と簡単です。

ここでルールをまとめておきます。

ルール１．仕訳は「借方」と「貸方」が必ずある

仕訳をきるときには、借方・貸方、を使います。借方が左側、貸方が右側です。

ルール２．借方の合計金額＝貸方の合計金額

借方の合計金額 と貸方合計金額は常に同じになります。

たとえば、ボールペンを100円で購入した場合、「消耗品費 100　現金　100」のような仕訳をきりますが、この際、左（借方）と右（貸方）は同じ額です。

ルール３．仕訳で使う勘定科目グループは５つ

仕訳で使う勘定科目グループは、「資産」、「負債」、「純資産」、「収益」、「費用」の５つです。仕訳をすると、このうちのどれか２つが増減します。

ルール４．足し算：いつも同じ側に記入

勘定科目は、借方、貸方いずれに来るかが決まっています。特定の勘定科目を増加させたいときには、いつも同じ側に記入して金額を増加させます。たとえば、現金（勘定科目グループは資産）が入ってきたら、すべて借方と決まっていましたね。この仕訳を行なうことで、資産という勘定科目グループに入る金額を増やしています。

ルール5．引き算：足し算するときの反対側に記入

　逆に特定の勘定を減額させたいときには、足し算した側と反対側に記入します。簿記では「－(マイナス)」の記号を使わなくても、反対側に書いたらマイナスですよ、というルールなのです。

　先ほど、現金が入ってきたら借方と説明しましたが、減額する（出ていった）ときは、その逆の「貸方」になります。これで、資産という勘定科目グループに入っている金額から引き算します、ということを示します。

ルール1 仕訳は「借方」と「貸方」がある

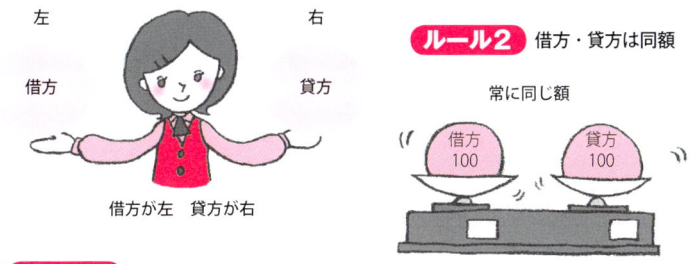

左　　　　　　　右
借方　　　　　　貸方

借方が左　貸方が右

ルール2 借方・貸方は同額

常に同じ額

借方100　貸方100

ルール3 勘定科目グループは5つ

資産　負債　純資産　収益　費用

どれか1つが増えると
どれか1つが減る

ルール4・5 足し算と引き算は逆の位置

仕訳

どんどん増える　　　　どんどん減る
（プラス）　　　　　　（マイナス）

現金　　　　　　　　　現金

増える側、減る側は
決まっている！！　借方　　　　貸方

第2章　簿記と仕訳をマスターしよう　043

● 1年目は5つのパターンだけ覚えよう

　ここまで見てくると、「勘定科目もたくさんあるし、仕訳って何から覚えていいのかわからない」なんて思っている人もいるかもしれません。

　まずは、次の5つの仕訳を覚えましょう。仕訳パターンは無数にありますが、この5つを覚えれば、日常的に出てくる取引の70％程度はカバーできます。

この5つを覚えれば、
まず大丈夫

その1　現金が入ってきたとき
　　　　→　借方＝現金

その2　現金が出ていったとき
　　　　→　貸方＝現金

その3　ものが売れたとき（売上があったとき）
　　　　→　貸方＝売上高

その4　ものを仕入れたとき
　　　　→　借方＝仕入

その5　水道光熱費などの経費の支払いをするとき
　　　　→　借方＝該当する勘定科目

その1 現金が入ってきたとき

現金の入金があったときは、次のSTEPを踏みます。

(STEP1)

現金の入金があれば、借方は必ず「現金」です。そこで、すぐに、伝票の借方に現金と書きます。

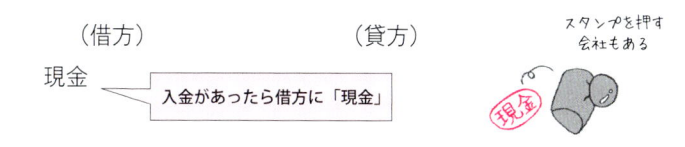

（借方）　　　　　　　　　（貸方）
現金　　← 入金があったら借方に「現金」

スタンプを押す会社もある

(STEP2)

借方・貸方いずれにも同額を記入します。たとえば、5万円の入金があれば、50,000と記入します。

（借方）　　　　　　　（貸方）
現金　50,000　　　　　　50,000
　　　　　　同じ額

(STEP3)

空欄になっている貸方に、「なぜ、現金が入ってきたのか」の理由を示す勘定科目を入れます。たとえば、商品を売った売上として現金が入ってきたのであれば、「売上高」という勘定科目を使います。

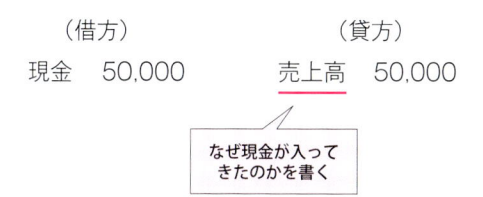

（借方）　　　　　　　（貸方）
現金　50,000　　　売上高　50,000
　　　　　　　　なぜ現金が入って
　　　　　　　　きたのかを書く

第2章　簿記と仕訳をマスターしよう

その2 現金が出ていったとき

現金が出ていった（出金）があったときは、次のＳＴＥＰを踏みます。

(STEP1)

現金の出金があれば、貸方は必ず「現金」です。そこで、すぐに、現金と書いたり、スタンプを押します。

　　　　（借方）　　　　　　　　（貸方）
　　　　　　　　　　　　　　　　現金　　← 出金があれば貸方に「現金」

(STEP2)

借方・貸方いずれにも同額を記入。

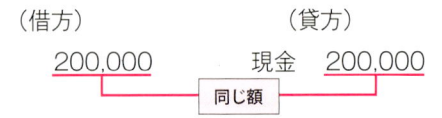

　　　　（借方）　　　　　　　　（貸方）
　　　　　200,000　　　　　現金　　200,000
　　　　　　　　　　同じ額

(STEP3)

空欄になっている借方に、「どうして出金になったのか」を示す勘定科目を入れます。たとえば、給料であれば、「給与」という勘定科目を使います。

　　　　（借方）　　　　　　　　（貸方）
　　　　給与　　200,000　　　　現金　　200,000

お金が出ていった理由

給料を払ったから会社のお金が出ていった

ありがとう

その3 ものが売れたとき（売上があったとき）

売上があったときに、次のＳＴＥＰを踏みます。

（ＳＴＥＰ１）

売上があれば、貸方は「売上高」です。そこで、すぐに、売上高と書いたり、スタンプを押します。

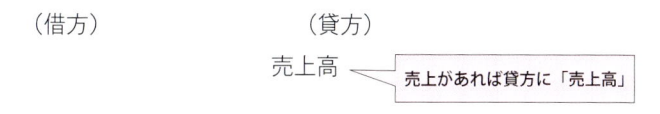

　　　　　（借方）　　　　　　　　（貸方）

　　　　　　　　　　　　　　　売上高　──　売上があれば貸方に「売上高」

（ＳＴＥＰ２）

借方・貸方いずれにも同額を記入。

　　　　（借方）　　　　　　　（貸方）
　　　　30,000　　　　　売上高　30,000
　　　　　　　　　　同じ額

（ＳＴＥＰ３）

空欄になっている借方に、「どうやってお金をもらうのか（代金回収するのか）」を示す勘定科目を入れます。たとえば、売掛金であれば、「売掛金」という勘定科目を使います。手形を受け取れば「受取手形」を記入します。現金で受け取れば、「現金」です。

　　　　　（借方）　　　　　　（貸方）
　　　売掛金　30,000　　　　売上高　30,000

どうやってお金をもらうのか
（もらったのか）を書く

　　手形で　　　　掛で　　　　現金で

　「受取手形」　　「売掛金」　　「現金」

第2章　簿記と仕訳をマスターしよう　047

その4 ものを仕入れたとき

仕入は、会社の事業を行なうために必要なコストですから、費用になります。仕入があったときは、次のSTEPを踏みます。

(STEP1)

仕入があれば、借方は「仕入」です。そこで、すぐに、仕入と書いたり、スタンプを押します。

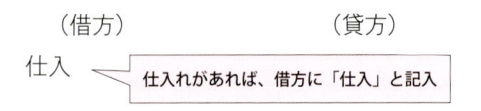

　　　（借方）　　　　　　　　（貸方）
　　仕入　　← 仕入れがあれば、借方に「仕入」と記入

(STEP2)

借方・貸方いずれにも同額を記入。たとえば、2万円の仕入があれば、20,000と記入します。

　　　（借方）　　　　　　　　（貸方）
　　仕入　20,000　　　　　　　　20,000
　　　　　　　└── 同じ額 ──┘

(STEP3)

空欄になっている貸方に、「どうやってお金を支払うのか」を示す勘定科目を入れます。たとえば、現金で支払えば、「現金」と記入します。

　　　　　　　　　　　　　　　　← どうやってお金を支払うか

　　　（借方）　　　　　　　　（貸方）
　　仕入　20,000　　　　　　現金　20,000

現金で支払います　　**掛**です　　**手形**で
「現金」　　　　「買掛金」　　「支払手形」

その5　水道光熱費などの経費の支払いをするとき（経費の後払い）

　水道光熱費や電話代などは、1月分の使用代金について翌2月に請求書がくることがあります。そのような後払いの経費の経理処理です。

　経費の発生があったときは、次のＳＴＥＰを踏みます（その場で現金で代金を支払った場合には、「その2」の仕訳と同様です）。

（ＳＴＥＰ１）

　支払った経費を示す勘定科目を借方に記入します。ここでは、電話代＝「通信費」の例で考えてみましょう。

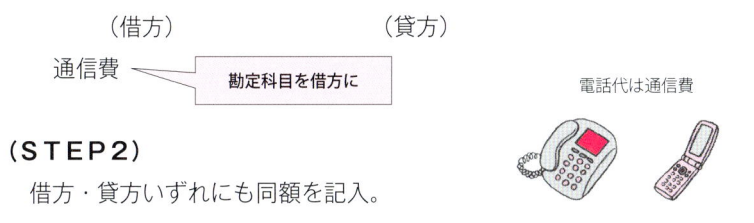

```
　　　　（借方）　　　　　　　　（貸方）
　通信費　←［勘定科目を借方に］
```
電話代は通信費

（ＳＴＥＰ２）

　借方・貸方いずれにも同額を記入。

```
　　　　（借方）　　　　　　　（貸方）
　通信費　80,000　　　　　　　80,000
　　　　　　　　　［同じ額］
```

（ＳＴＥＰ３）

　空欄になっている貸方に、「どうやってお金を支払うのか」を示す勘定科目を入れます。たとえば、未払いの費用であれば、「未払金」、手形を振り出せば「支払手形」を記入します。

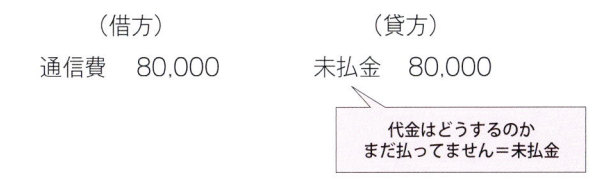

```
　　　　（借方）　　　　　　　（貸方）
　通信費　80,000　　　　未払金　80,000
```
［代金はどうするのか　まだ払ってません＝未払金］

●間違いやすい勘定科目

 勘定科目のなかには、売掛金と未収入金、買掛金と未払金のように、判断するのに紛らわしい勘定科目があります。しかし、ポイントさえ押さえれば、区別は簡単です。

売掛金と未収入金

 商品を売ったときの代金未回収分は「売掛金」、商品以外のもの、たとえば土地等を売却したときの代金未回収分は「未収入金」です。

買掛金と未払金

 買掛金も未払金も、何かを買ったがまだ支払っていないお金のことです。商品を買ったときの代金未払分は「買掛金」、商品以外のものを購入したときの代金の未払分は、「未払金」となります。

仮払金と前払金

 仮払金も前払金も、実際に使う前にお金が出ていくものです。しかし、お金の使用目的や金額がはっきりしていない場合には「仮払金」、はっきりしているときには「前払金」となります。

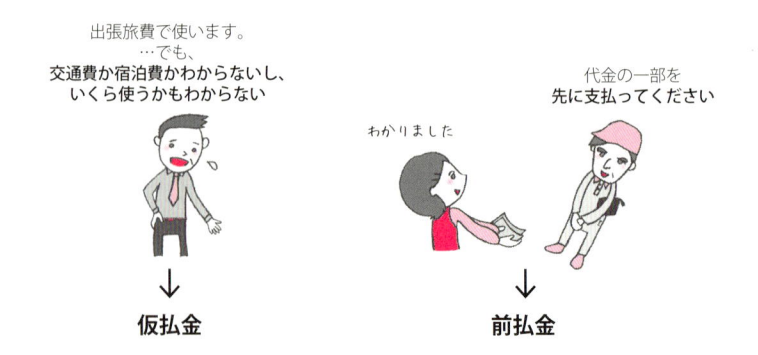

●困ったときには

　ここまでの5つの仕訳で、取引の70％くらいはこなせます。また、慣れてきたらルールどおりに見ていけば、ほかの仕訳も段々わかるようになってきます。

　でも、それでもわからないことがあったら？　慌てなくても大丈夫。そんなときの対応法を紹介しましょう。

(どう仕訳をしたらいいかわからない)

① 先輩や上司に聞く

　自分でよくわからなかったら、先輩や上司に相談してみましょう。先輩や上司が教えてくれた処理に従って経理処理をします。

② 前月の仕訳帳を見る

　前任者が急に辞めたり、上司が経理が苦手だったりすると、本当に困ります。そういう場合は、前月の仕訳帳を見ます。

　出金・入金処理、給料計算、売上・仕入の計上等、会社の経理処理は、毎月同じようなことをやっています。

　自分の行なった仕訳に自信がなければ、先月の仕訳帳に同じような仕訳がないか調べてみましょう。仕訳帳の摘要欄を見ると、どういう取引なのかが書いてあります。これを見ると、取引内容を把握できます。そのうえで、同じような取引を探して、参考にします。

　滅多にないような取引の場合は、同年同月の仕訳帳を見る方法もあります。年に1回しかない取引といったものは、昨年の似たような時期に行なっていることが多いのです。

③ 顧問税理士に聞く

　固定資産の売却、売掛代金の焦げ付き等、前月の仕訳を見てもわからないものが出てきたら、税理士に聞いてみましょう。その際には質問したいことをまとめておくと同時に、必要な書類も用意しておきます。このような取引をいい加減に処理すると、後日、困ります。

教えてくださーい

わからないことは
聞こう！

（仕訳を間違った）

　旅費交通費 200 円を現金で支払ったという取引を間違って、

（借方）旅費交通費 2,000　（貸方）現金 2,000

と仕訳したとします。

　このときは、二重線を引いて消したりしてはいけません。間違った仕訳を逆にした仕訳をきります。

● **間違えた仕訳を訂正するには…**

①（借方）と（貸方）を逆にした仕訳をきる

　（借方）現金 2,000　（貸方）旅費交通費 2,000

②そのうえで正しい仕訳をきる

　（借方）旅費交通費 200　（貸方）現金 200

　パソコン会計の場合、間違えた仕訳を削除して、正しい仕訳を入力すれば、仕訳の修正ができます。

間違えた！

消しゴムで消しちゃ
ダメーッ

仕訳を間違ったら二重線や消しゴムは禁止！

第 3 章

毎日の経理の仕事

● 1日の経理の仕事

　経理は、1日のうちに、帳簿を作成したり、現金の出納をしたり、銀行へ行って預金をおろしたりと、色々な仕事をしています。いまは経理のベテランという人も、新人の頃は1日のスケジュールがつかめず、あたふたとしていた人もいると思います。まずは、1日の仕事の流れを早めに頭に入れ、どんどん仕事が進められるようにしましょう。

　おおよその目安として、経理担当者の典型的な1日のスケジュールを右ページにあげました。ただし、このスケジュールは、会社によって違ってくるので、自分の会社の流れをメモしておきましょう。

　現金出納、伝票を切る、小切手・手形を扱うという処理は、そのつど行なうところも多いと思いますが、便宜上午後に入れてあります。また、月末や給料日前は、月次決算資料の作成や、給料計算等の仕事が入ってきます。

出社してまずすること

　経理の1日は、得意先からの入金を確認したり、経費の支払いをしたり、伝票を作成したりと、大忙しです。

　でも、忙しさにかまけて、送金や頼まれていた仮払いをうっかり忘れてしまったということでは困ります。

　そこで、出社したら、まず、今日1日のスケジュールを確認しましょう。

　次に、仕事に必要なものを準備しましょう。まず、現金の入っている手提げ金庫を机に持ってきます。金庫の鍵は、たいていは経理部課長が持っているはずなので、金庫を開けてもらってください。その後、会社が使っている各種伝票を机の上に準備して、仕事に取りかかります。

1日のスケジュール

	行なう仕事	仕事のリスト	あなたの会社では？
	出社		
9:00	仕事の準備	・今日のスケジュールをチェック ・手提げ金庫を金庫から取り出す ・各種の伝票を机の上に準備	
↓ 12:00	現金出納＋伝票の起票・整理	・経費の精算 ・交通費等の精算 ・仮払いの処理 ・営業が集金してきた領収書の処理 ・取引先からもらった請求書の処理 ・仕訳帳の作成（午後行なう会社も多い）	
	ランチ！	席を離れるときは、手提げ金庫を所定の場所にしまう	
13:00	銀行に行く 銀行の預金残高管理	・手元の現金がなくなったとき補充 ・振込等のチェック	
	小切手の処理	・内容を確認し、仕訳をきる ・慎重に小切手を作成する	
	手形の処理	・内容を確認し、仕訳をきる ・慎重に手形を作成する	
	各種書類の作成	・現金出納帳 ・勘定元帳と総勘定元帳	
	現物と帳簿のチェック 帳票・証ひょうの整理	・現金現物と帳簿を照合する ・請求書・領収書を整理保管する	
	手提げ金庫を大きな金庫にしまう 明日のスケジュールをチェックして帰宅		
17:00	お疲れさまでした！		

※会社によって業務スケジュールが違うので、自分の会社の仕事の流れをメモしておきましょう

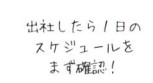

出社したら1日の
スケジュールを
まず確認！

【午前中の仕事】

●現金出納業務

　現金出納業務は、現金の入金と出金を管理する業務です。

　現金の入出金は、大きく分けて2つのパターンがあります。

　1つは、社外の関係者との入出金。得意先に品物を販売したときの代金（販売代金）を回収する、仕入先に原材料費を払う、銀行から預金を引き出すなどのケースがあります。もう1つは、交通費の精算など社内の人を対象にした入出金があります。

　社外の人との入出金には証ひょう（12ページ参照）を、社内の入出金には社内で作成した旅費精算書・経費精算書などの書類を使って、証拠を残します。

出納担当者の基本ルール

　現金は金庫に入れて保管します。現金出納の仕事では次の5つのルールを守りましょう。

①席を空けるときは金庫に鍵をかける
金庫を開けっ放しにして、盗難に遭っては大変です

しっかり鍵をかけること！

②出納業務は机の上を整理してから

机の上がごちゃごちゃだと、お金の精算のときに硬貨を相手に渡し損ねたら、どこに行ったのかわからなくなります

③二重支払いを防ぐために領収書・伝票に出納済印（受領印）を押す

④証ひょうの添付を確認して入・出金処理をする。証ひょうは保管しておく

証ひょうがあれば帳簿の金額が合わないときに確認できます

⑤入・出金伝票は連番を付けて管理する

ミスをしたとき、番号どおりチェックしていけば、モレがありません

現金出納～経費の精算～

出納業務のなかで多いのは、経費の精算です。

経費の精算とは、たとえば、業務で必要な文房具を買ったり、出張の交通費等を社員が会社に代わって支払っていたときに、その金額を社員に返すことです。

経費の精算をしてほしい社員は、領収書と経費精算書を経理に持ってきます。そのときは、領収書や経費精算書の内訳と、金額を確認して、領収書に記載された金額を出金します。

最後に、領収書の余白に「出金済み」と書いたり、経費精算書の受領印欄に受領した人の印を押してもらいます。これは、間違って同じ領収書で二度出金することがないようにするためです。

現金出納～交通費等の精算～

スイカ（Suica）等のプリペイドカードや定期券を購入する際、領収書をもらうことができます。しかし、電車の自動券売機で切符を購入したり、バスに乗車するときには、領収書がもらえないこともあります。そのときは、精算できないのでしょうか？

このような場合は、電車・バス等の運賃を「交通費精算書」に記入します。これが、領収書の代わりになります。「交通費精算書」は市販されていますが、自社で作成しているところもあります。

経費の精算

▶経費の精算　　　　　　　　▶交通費の精算

経費の精算では領収書と経費精算書をチェック

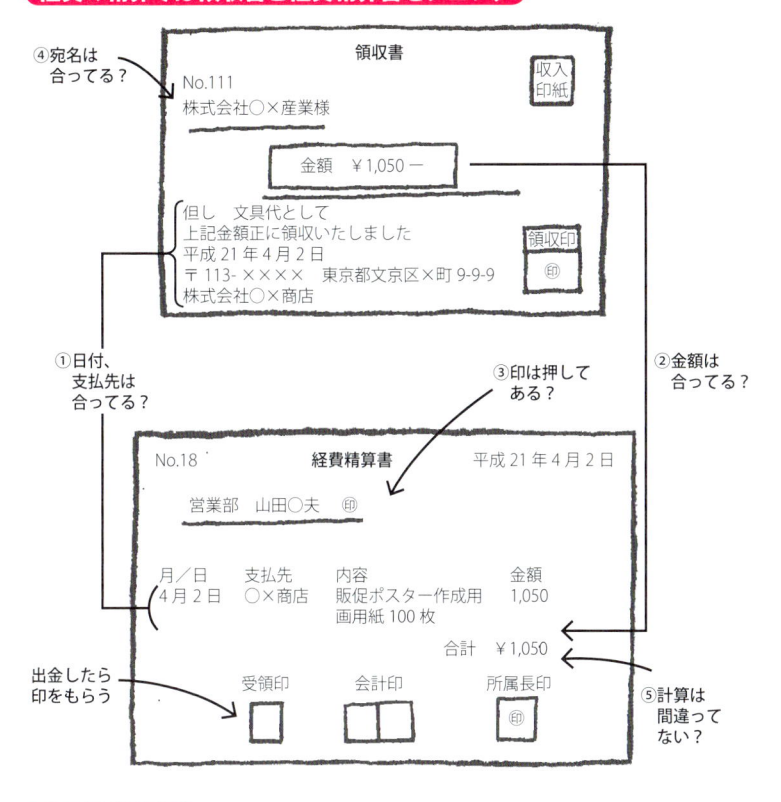

④宛名は合ってる？

領収書

No.111
株式会社○×産業様

収入印紙

金額　￥1,050－

但し　文具代として
上記金額正に領収いたしました
平成 21 年 4 月 2 日
〒113-××××　東京都文京区×町 9-9-9
株式会社○×商店

領収印 ㊞

①日付、支払先は合ってる？

③印は押してある？

②金額は合ってる？

No.18　　**経費精算書**　　平成 21 年 4 月 2 日

営業部　山田○夫　㊞

月／日	支払先	内容	金額
4 月 2 日	○×商店	販促ポスター作成用 画用紙 100 枚	1,050
		合計	￥1,050

出金したら印をもらう

受領印　□　　会計印　□　　所属長印　㊞

⑤計算は間違ってない？

交通費精算書

交通費精算書

部署　営業部　　氏名　田中○郎

月日	訪問先	用件	交通手段	出発地	到着地	金額
4 月 1 日	A 社	製品開発打ち合わせ	JR	高円寺	品川	320
4 月 3 日	B 社	保守点検	都バス	東京	上野	400
合計						720

第 3 章　毎日の経理の仕事

こんな領収書はどうする？

他部門の社員が持ってきた領収書で、どう処理をしたらいいのか困るケースも出てきます。そんなときの対応法を紹介します。

（宛名が「上様」になっている領収書）

宛名に「上様」と書かれている領収書をもらう場合もありますが、これでは宛先が不明です。悪く考えれば、私用で使ったものを会社につけ回している可能性もありますし、別の会社の経費とすることも可能です。必ず自社の名称を記載してもらうようにしてください。

（レシート）

スーパーやコンビニで物品を購入するとき、レジが混んでいて、領収書をもらいにくいことがあります。このような場合、領収書でなくとも、レシートで代用できます。レシートによっては、数か月たつと、インクが薄くなって見えにくくなることがありますので、早めに帳簿やパソコンに記録してしまいましょう。

（領収書がもらえない場合）

経費を処理する場合、領収書が必要です。しかし、慶弔費（けいちょうひ）、電車・バスの交通費では領収書がもらえません。この場合、領収書がないので、言われたまま精算していいのかというと、そうではありません。

慶弔費の場合、結婚式等に招待されれば、案内状が来ます。この案内状と、支出した金額を明記した「現金支出精算書」を、領収書の代わりに整理・保管します。

また、先ほども説明しましたが、電車・バスの交通費は、移動のときに使った電車・バス等の費用を「交通費精算書」に記入します。これが、領収書の代わりになります。

「現金支出精算書」「交通費精算書」は市販されていますが、ワープ

ロソフトや表計算ソフトを使って、自分で作成してもいいでしょう。

こんなときどうする？

▶上様領収書 → 社名を入れてもらう

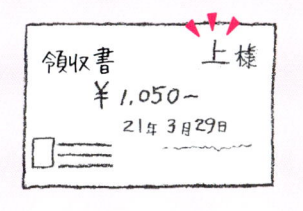

▶レシート → 早めに記録

文字が薄れるのでコピーをとって保存しておくとよい

▶慶弔費

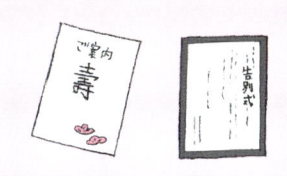

結婚式の招待状やお葬式の会葬御礼などを取っておく

▶交通費

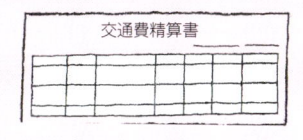

交通費精算書を提出してもらう

現金出納～仮払金～

　何万円もする出張や接待の経費を社員が個人で立て替えるのは大変です。

　そこで、社員から事前に、使うと予測される金額を会社に請求してもらい、その金額を経理で仮払いします。そして、後で実際に使ったお金との差額を精算します。

　仮払申請書を受け取ったら、申請者の上司の印の押し忘れがないか、仮払いがいくら必要かなどをチェックして、問題がなければ現金を渡します。その際、申請書に現金を渡したことを確認する印（受領印）をもらっておくとよいでしょう。その後、仮払金が発生したことを伝票や現金出納帳に記録します。

　出張や接待が終わり実際に支払った金額が確定したら、その社員に速やかに精算書を書いてもらいます。経理では、印鑑が押されているか、必要事項は記入されているか、記載された内容に間違いがないか、計算は合っているかなどを確認し、差額を精算します。

仮払金の処理の仕方

①仮払申請書を受け取る

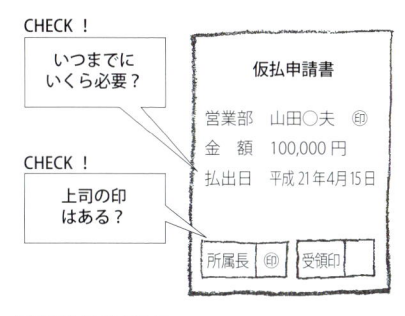

CHECK！
いつまでに
いくら必要？

CHECK！
上司の印
はある？

仮払申請書

営業部　山田○夫　㊞
金　額　100,000 円
払出日　平成 21 年 4 月 15 日

所属長 ㊞　受領印

②仮払金を渡す

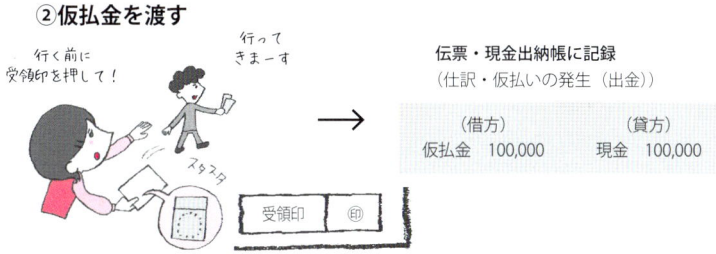

行く前に
受領印を押して！

行って
きまーす

受領印　㊞

伝票・現金出納帳に記録
（仕訳・仮払いの発生（出金））

（借方）　　　　　　（貸方）
仮払金 100,000　　現金 100,000

③精算書を受け取って精算
印、内容、計算間違いがないかをチェックしたら精算

④仕訳をきる

仮払金が足りなかった

3万円立て替え

（借方）　　　　　（貸方）
旅費 130,000　　仮払金 100,000
　　　　　　　　現金　 30,000

差額を返す

仮払金が多かった

3万円余っちゃった

（借方）　　　　　（貸方）
旅費 70,000　　仮払金 100,000
現金 30,000

差額を受け取る

現金出納〜営業が集金してきた領収書の処理〜

　営業担当者が現金で売上代金を回収（代金をもらうこと）したとき、相手から現金を受け取ると同時に、領収書を渡します。
　この領収書については、営業担当者が自分で領収書をつくってお客さんに渡す会社もありますし、経理担当者が事前に領収書をつくっておき営業担当者に渡すというところもあるようです。

　経理で領収書を発行する場合、営業担当者から、①あて名（相手先の社名）、②金額、③但し書きに何と記載するのか、を正確に聞いておきましょう。これらが間違っているとクレームのもとになるので、必ず営業担当者に確認してもらいます。こうすれば、領収書の誤発行を防ぐことができます。

　代金の回収が終わると、営業担当者はこの領収書の控えと回収したお金を経理に持ってきます。

　経理では、①あて名（代金を回収した相手を明確にするため）、②金額（回収した金額を明確にするため）、③但し書き（何でお金を回収したのかを明確にするため）をチェックします。
　営業担当者が持ってきた金額と領収書の金額が合っていれば受領し、現金と領収書を金庫に入れます。

『はじめての人もキチンとできる 経理のおしごと手帖』訂正のお知らせ

日本実業出版社

『はじめての人もキチンとできる 経理のおしごと手帖』(ISBN978-4-534-04542-3)に以下のような不備がありました。

◎65ページ
(「領収書を発行するときにチェックしたいこと」の図表中)
「領収書」のイラストで「金額¥ 35,000」を「金額¥ 55,000」に変更
(「収入印紙」について説明した囲みの1行目)
(誤)3万円以上→(正)5万円以上
(「売上代金に関する証ひょうの印紙税額」の一覧表の1行目)
(誤)3万円以上→(正)5万円以上

以上　　　　　　　　　　　謹んでお詫び申し上げます

(『はじめての人もキチンとできる 経理のおしごと手帖』No.4542①〜⑪)

領収書を発行するときにチェックしたいこと

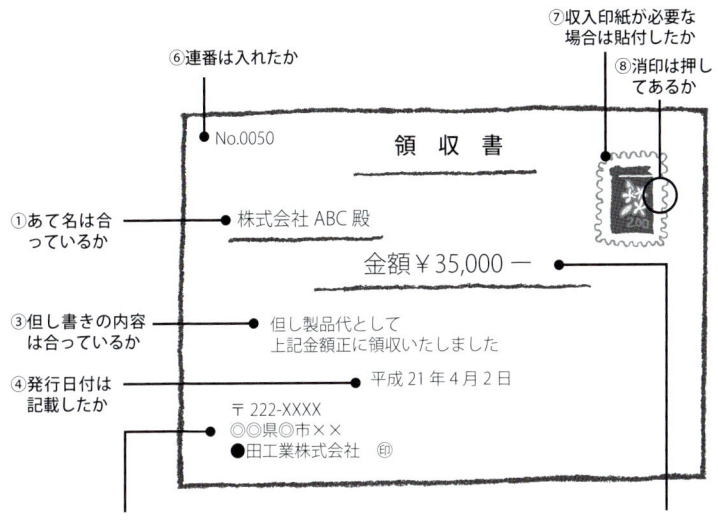

⑥連番は入れたか

⑦収入印紙が必要な場合は貼付したか

⑧消印は押してあるか

①あて名は合っているか

③但し書きの内容は合っているか

④発行日付は記載したか

⑤自社名、住所は正しいか　印は押されているか

②営業担当者のいう金額どおりか

```
No.0050              領 収 書

        株式会社 ABC 殿

        金額 ¥35,000 ―

        但し製品代として
        上記金額正に領収いたしました

                    平成 21 年 4 月 2 日
        〒222-XXXX
        ○○県○市××
        ●田工業株式会社　㊞
```

（収入印紙）

　受領金額が3万円以上の場合、印紙税法の規定で、領収書に収入印紙を貼付する必要があります。収入印紙で納める印紙税は、領収書の金額によって決まります。

　印紙税の課税される文書に収入印紙が添付されていないと、不足する印紙税額の3倍に相当する金額が徴収されてしまいます。収入印紙は、郵便局や法務局（登記所）のほかに、コンビニエンスストアでも販売していることがあります。

売上代金に関する証ひょうの印紙税額

領収金額		印紙税
3万円以上	100万円以下	200円
100万円超	200万円以下	400円
200万円超	300万円以下	600円
300万円超	500万円以下	1,000円
500万円超	1,000万円以下	2,000円
1,000万円超	2,000万円以下	4,000円
2,000万円超	3,000万円以下	6,000円
3,000万円超	5,000万円以下	10,000円
5,000万円超	1億円以下	20,000円
1億円超	2億円以下	40,000円
2億円超	3億円以下	60,000円
3億円超	5億円以下	100,000円
5億円超	10億円以下	150,000円
10億円超		200,000円
金額の記載のないもの		200円

●伝票を書いてみよう

　伝票の書き方をマスターしましょう。最も代表的なものが**「入金伝票」**、**「出金伝票」**、**「振替伝票」**の3つの伝票です（これを使った経理の仕方を**「三伝票方式」**といいます）。これらは、次のように使い分けます。

> 入金伝票・・・現金の入金を記録するとき
> 出金伝票・・・現金の出金を記録するとき
> 振替伝票・・・現金以外の入金・出金を記録するとき

（入金伝票）

　入金伝票は、勘定科目でいう「現金」が入ってきたときに記録するものです。このとき、借方科目は必ず現金になりますから、借方の「現金」の部分が省略された用紙になっています。

　つまり、貸方の「勘定科目」、「摘要（内容）」、「金額」だけ記載すればよいので、仕訳を書くのが少しラクになるというわけです。

▶お金が入ってきたときの貸方（お金が入ってきた理由）だけ書く

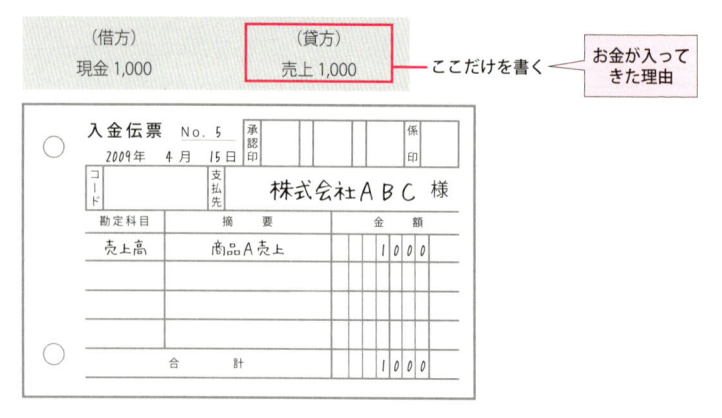

（借方）	（貸方）
現金 1,000	売上 1,000 ← ここだけを書く（お金が入ってきた理由）

```
入金伝票  No.5     承認印   係印
2009年 4月 15日
コード   支払先   株式会社ＡＢＣ　様
勘定科目   摘要           金額
売上高    商品A売上      1 0 0 0


            合  計       1 0 0 0
```

(出金伝票)

同様に、出金伝票は、貸方科目が「現金」であることが明白なので、貸方の記載を省略して、借方の現金が出ていった理由を書きます。

▶お金が出ていったときの借方（お金が出ていった理由）だけ書く

出金伝票	No.16	承認印		係印
2009年 4月 15日				
コード	支払先	株式会社甲乙　様		
勘定科目	摘要	金額		
仕入	商品B仕入	50000		
	合計	50000		

(振替伝票)

「現金」以外の取引は、振替伝票に記載します。

振替伝票は、入金伝票、出金伝票と異なり、借方科目、貸方科目の両方の欄があります。

内容的には仕訳帳（68ページ参照）と似ていますが、仕訳帳が現金取引と現金以外の取引の両方を記帳するのに対して、振替伝票は現金以外の取引しか記載しないという違いがあります。

▶現金以外（普通預金・手形など）の取引を書く

振替伝票 2009年 5月 10日			No.	承認印			係印
金額	借方科目	摘要		貸方科目	金額		
200000	受取手形	商品A売上		売上高	200000		
200000		合計			200000		

●仕訳帳のつくり方

　仕訳帳とは、会社のすべての仕訳を記入する帳簿です。これを見れば、会社の1年間の仕訳が全部わかります。

　仕訳帳には、①日付欄、②摘要欄、③小書き、④元丁欄、⑤金額欄、⑥区切線、⑦仕訳帳のページ数が記載されます。元帳のページ数は、仕訳帳を最終的に総勘定元帳という帳簿に転記するときに記入します。「仕訳帳のこの部分は、勘定元帳のこのページに書いてありますよ」ということを示すものです。

　さて、仕訳というと、今までは、

```
　　（借方）　　　　　　　　（貸方）

　　現金　30,000　　　　売掛金　30,000
```

と書いていました。これを仕訳帳に記入すると、右ページ上の部分のようになります。

　なお、「諸口」というのは、複数の勘定科目が出てくるときに、それを1つにまとめて記載するものです。この例ですと、現金と買掛金を1つにまとめています。

　パソコン経理では、画面のメニューに従って入力します。たいていは、日付、勘定科目、小書き、金額を記入すればOKです。また、元丁、仕訳帳のページ数は、会計ソフトが自動で付けてくれます。

仕訳帳のつくり方

① 日付欄…取引があった日付を記入

② 摘要欄…勘定科目を記入。借方科目を左寄せ、貸方科目は改行して右寄せに書く

④ 元丁欄…総勘定元帳の対応するページ番号を記入。この場合は、現金が8ページ目、売掛金が5ページ目

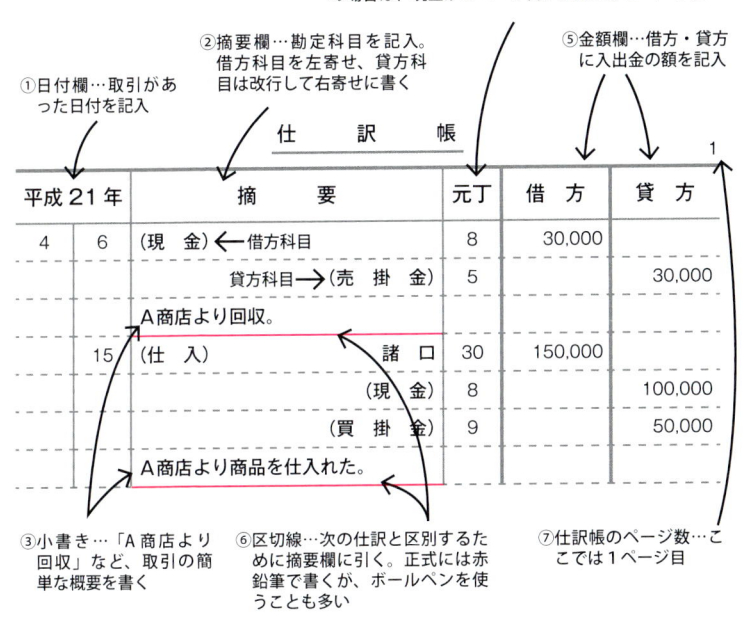

⑤ 金額欄…借方・貸方に入出金の額を記入

仕　訳　帳

1

平成21年		摘　　要	元丁	借　方	貸　方
4	6	（現　金）←借方科目	8	30,000	
		貸方科目→（売 掛 金）	5		30,000
		A店より回収。			
	15	（仕　入）　　　　　諸　口	30	150,000	
		（現　金）	8		100,000
		（買 掛 金）	9		50,000
		A商店より商品を仕入れた。			

③ 小書き…「A商店より回収」など、取引の簡単な概要を書く

⑥ 区切線…次の仕訳と区別するために摘要欄に引く。正式には赤鉛筆で書くが、ボールペンを使うことも多い

⑦ 仕訳帳のページ数…ここでは1ページ目

【昼休みの前に】

12時になりました。ランチに行く前に、1つだけ、必ずしておくことがあります。

朝、金庫から出した手提げ金庫をまた元の金庫に戻し、金庫の鍵をかけましょう。席を外している間に盗難に遭い、手提げ金庫がなくなっていたなんてことがあっては大変です。

そして、昼休みから帰ってきたら、手提げ金庫を自分の机に戻します。

第3章　毎日の経理の仕事　069

午後の仕事
●預金の管理

　午前中は、現金の扱いを見てきましたが、銀行預金の管理も、出納業務の仕事の１つです。昼下がりには、銀行に行って振込みのチェックをする会社も多いようです。

　そこで、銀行預金の管理の仕事について、紹介していきます。

　まずは、預金口座について説明しましょう。

　「私も銀行に預金口座を持っているから、説明されなくても大丈夫」と思われるかもしれませんが、会社が使う口座には、個人では馴染みのないものもあります。

＜普通預金＞

　自由に預金や引出しができ、キャッシュカードも発行されます。窓口ではなく、ATMでも預金、引出し、振込みができます。定期預金に比べ、低い利率です。

＜当座預金（当座勘定）＞

　後で説明しますが、会社では小切手や手形を作成し、仕入先等に渡す（これを「振り出す」といいます）ことがあります。小切手や手形をもらった人は、後日、銀行に持ちこんで、現金化します。つまり、小切手や手形を、現金に換えてもらうのです。この決済専用の銀行口座が、当座預金です。これは会社やお店に特有のものです。

＜定期積金（ていきつみきん）＞

　６か月から５年までの一定の期間ごとに掛金を払い込み、満期日に掛金に給付補てん金（利息）を加えた給付金が支払われるもので、信用金庫・信用組合で扱っています。基本的には、税金を支払うための預金（納税預金）です。

さまざまな預金口座

普通預金

出入れ自由！
利息は低い

BANK

私も使ってるわ！

当座預金

手形・小切手を持ちこんで現金化するための口座

手形　小切手

現金にして

お店や会社が決済で使います

○○商店　商事

定期積金

毎月
毎月

税金を支払うための口座

毎月掛金を支払います

第3章　毎日の経理の仕事

3つの預金管理業務

銀行の預金管理業務は、大きく分けて3つです。

①振込み・送金・残高の確認

経理では、販売した商品の代金(売掛金)や商品の仕入代金(買掛金)、パソコン等の備品の代金(未払金)、従業員の給料の支払いなど、さまざまなお金の管理をしています。

これらの決済は、現金だけでなく、銀行振込み・銀行や郵便局の口座への送金でも行なわれます。この場合、直接銀行のATMや窓口で行なったり、銀行のオンラインバンクを使って社内で決済・確認をしたりします。

金融機関で振込みや送金をした後には、預金通帳残高と預金元帳の残高を照合しましょう。帳簿を確認することで、誤送金や伝票の作成ミスを発見することがあるからです。

②資金繰り

たとえば、10日に500万円支払う予定なのに、前日9日の預金残高が450万円しかなかったら、残り50万円は支払いを延期してもらうしかありません。そうなっては、相手の会社に「約束を守らない会社だ」と思われて、今後、取引をしてくれなくなってしまうかもしれません。

経理としてはこういうことがないように、今月の入金予定額・入金予定日、支払予定額・支払予定日を把握し、事前に支払いができるよう準備しておきましょう。卓上カレンダーに、自分だけわかるような記号を入れて、入金予定日、支払予定日を記入している人もいます。

③資金運用

会社によっては、事業に必要な資金以上に預金残高がある場合があ

りまず。そのようなときには、金利の高い口座に預け入れます。たとえば、金利の安い普通預金に数百万、数千万円を置いておくより、定期預金に預け換えれば金利が多くつきます。

　こうした業務はベテランの経理担当者や財務担当者が行なっていますが、その人たちの仕事をしやすくするためにも、普通預金の預金残高が多くなってきたら、上司や資産運用を担当する人に報告するとよいでしょう。

3つの預金管理業務

①振込み・送金・残高確認

仕入代金の支払い（送金）
お給料等の振込み

残高は合ってるかしら…
必ず確認

②資金繰り

20日支払日　ちゃんと払ってねー
この日までにお金を準備

③資金運用

資金に余裕があれば、
金利高
金利低
預け換えをして資産を増やす

第3章　毎日の経理の仕事

当座預金の管理

　当座預金の引出しは、小切手を振り出して行ないます。小切手の呈示（銀行に持ちこむこと）があれば、銀行の当座預金から引き出されます。

　小切手は、お金の代わりに取引先に渡します。取引先は、支払期日にそれを金融機関に呈示して、支払いを受けます。もし、当座預金の残高が少なすぎて、当座預金から引出しができなければ、相手はお金を受け取れません（これを不渡りといいます）。

　不渡りを出すと、相手は「約束の日に支払いがされていない」とクレームを付けてきます。こんなことが続いたら、取引をしてくれなくなってしまうかもしれません。経理担当者としては、常に当座預金残高を確認しておくことが大事です。

手持金庫の現金の補充

　現金出納をしていると、手持金庫の現金残高が減ってきます。そこで月に数回、銀行に行って預金をおろしてきます。現金が減ってきたなと思ったら、上司や先輩に報告し指示をもらいましょう。

　銀行ではＡＴＭや窓口で預金をおろします。窓口でおろす場合は、銀行届出印が必要ですので、忘れないようにしてください。銀行はお昼は混みますので、午前中、もしくは昼下がりに行く人が多いようです。

　おろしてきたら早速、伝票を起こします。このときの仕訳は、次のようになります。

（普通預金から30万円おろしてきた場合）

（借方）	（貸方）
現金　300,000	普通預金　300,000

取引先からの振込みの確認

　売掛金の回収とは、すでに販売した品物の代金を、販売先企業から受け取ることです。経理担当者は、①約束どおり支払いが行なわれているか、②支払われた金額が正しいか、ということを確認しなければなりません。

　具体的には、得意先ごとに決められた振込日（銀行の事務手続きの関係でその日に振込みができない場合は振込日から2～3日後）に、銀行に行って預金通帳の記帳をし、正しい金額で振込みがされているかを確認します。なお、ネットバンキングを行なっている会社では、ネットで確認ができます。

　振込予定日から1週間以上振込みがなければ、相手企業に連絡しましょう。最悪、相手の企業に支払えるだけのお金がなく、資金繰りが悪化している状況である可能性もあります。上司にも早めに報告してください。

　振込みの確認ができたら、会社へ帰って伝票を作成し、仕訳をきりましょう。

（普通預金に15万円振り込まれた場合）

（借方）	（貸方）
普通預金　150,000	売掛金　150,000

振込手数料の処理

　銀行預金の仕訳で迷うのは、振込手数料でしょう。得意先によっては、銀行の振込み代金をこちらで負担しなければいけないところもあります。

　売掛金50,000円が口座に振り込まれたとき、振込手数料500円を自社で負担し、その残額は普通預金で回収した、とします。
　この場合、次のような仕訳になります。

（借方）	（貸方）
普通預金　49,500	売掛金　　50,000
支払手数料　500	

　（借方）は、振り込まれた金額は普通預金に49,500円、自社が負担した振込手数料は500円になります。（貸方）は売掛金が50,000円減少したということです。

買掛金・未払金・給料の支払い

今度は、自社が買ったものの代金を支払うケースです。

仕入先が事前に請求書を送ってきますので、そこに書かれた指定日に銀行に行き、窓口やＡＴＭを使って送金をします。これも、ネットバンキングをしている会社では、ネットでできます。

買掛金や未払金、給料の支払いをしたら、預金通帳に記帳をします。その後、会社へ帰って伝票を起こします。

仕訳は次のようになります。

（借方）	（貸方）
未払金　150,000	普通預金　150,000

給料の場合は、一度に支払う相手が多いため、１つひとつＡＴＭ等で送金していたら、時間がかかりすぎてしまいます。そこで、ネットバンキング等を利用して、各社員の口座名、給料の額などを一覧にしたデータを銀行に送信すれば給料の振込みができる、というサービスを提供する金融機関もあります。

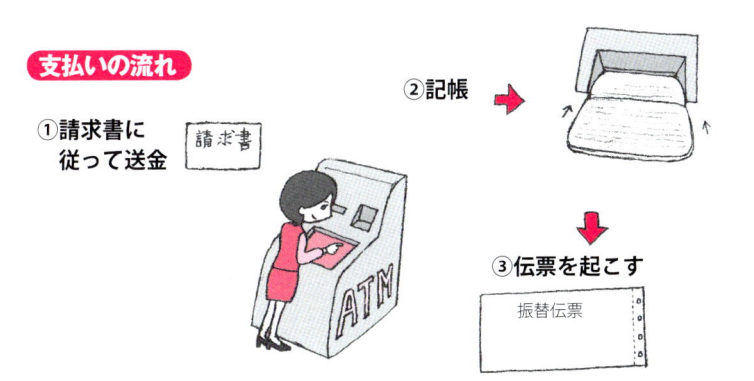

支払いの流れ

①請求書に従って送金
②記帳
③伝票を起こす

●小切手の扱い方

　小切手は現金の代わりになるものです。営業担当者などが得意先から受け取ってきたり、先輩から「小切手を振り出して（切って）」と言われることがあると思います（この場合は、「小切手に必要事項を記入して」という意味です）。小切手の扱い方を説明しましょう。

【小切手】

　小切手は、20枚から50枚程度の用紙をつづった冊子になっています。銀行でつくってもらいます。

　小切手は途中にミシン目がついていて、控えと小切手の現物を切り離せるようになっています。ミシン目で切った小さいほうは、"ミミ"と呼ばれ、控えとして発行した会社が保管します。

小切手

```
振出日    ━ 平成21年4月15日
金　額    ━ 1 2 3 0 0 0
渡し先    ━ ◎×商事㈱
摘　要    ━ 3月仕入
             代金のため

銀行印

控（ミミ）

ミシン目で切れる
小切手番号（印刷済）         小切手整理番号

KAXXXXXX    小　切　手    東京 ＊＊＊＊
                          0000-00
支払地　東京都千代田区○○2丁目
△×銀行　東京支店

金額　￥123,000※  ━ 金額

上記の金額をこの小切手と引き換えに
持参人へお支払い下さい
　　　　　拒絶証書不要
提出日　平成21年4月15日    Ａ株式会社
振出地　東京都文京区×-×-×  振出人　取締役社長　Ａ田　×夫㊞

支払地
小切手を振り出すための
当座預金がある金融機関

振出人              銀行届出印
```

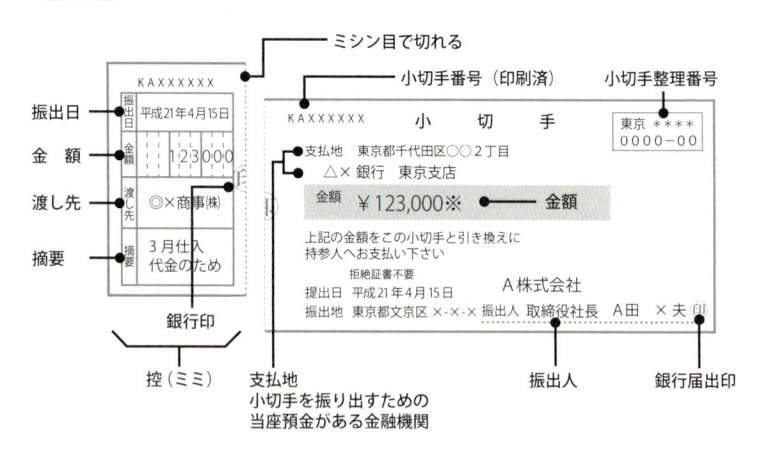

小切手を受け取ったとき

- 支払金額が回収すべき金額と同じであるかを確認。予定している入金額と違う場合は取引先に理由を尋ねる
- 得意先の社名、代表取締役の肩書き、代表者名、印鑑が押されているかを確認

※受け取った小切手は、振出日から起算して10日以内に銀行に提示（持っていく）して現金に換えてもらうこと！

仕訳は

（借方）		（貸方）	
現金	123,000	売掛金	123,000

> 小切手は、法律上「現金代用物」となるので、勘定科目は「現金」

小切手を振り出すとき

- **振出日** 相手に渡す日を記載。先輩や上司に確認してからのほうが無難
- **金　額** チェックライターか漢数字で記載
- **渡し先** どこに渡すのかを記入
- **支払地** 支払人（金融機関）の所在地
- **振出人** 当座預金口座の名義を記載し銀行届出印を押す
- **振出地** 自社の所在地を記入（スタンプでも可）

仕訳は

（借方）		（貸方）	
未払金	123,000	当座預金	123,000

> ・仕訳の日付は？
> 相手がいつ現金にするかわからないので、振り出したときに現金決済したことにする

できたら上司か先輩にチェックしてもらおう

●手形（約束手形）の概要と扱い方

　手形（約束手形）も小切手と同様、銀行に持っていくと現金に換えてもらえます。企業の取引では、現金の代わりに手形を利用することもあります。小切手は受け取ったらすぐ現金にすることができますが、手形は「支払期日」が来てはじめて現金化することができます。

　日常ではあまり使いませんが、営業が取引先から受け取ってきても、「何で処理が面倒な手形なんか持ってくるの！」と思わないでくださいね。

約束手形

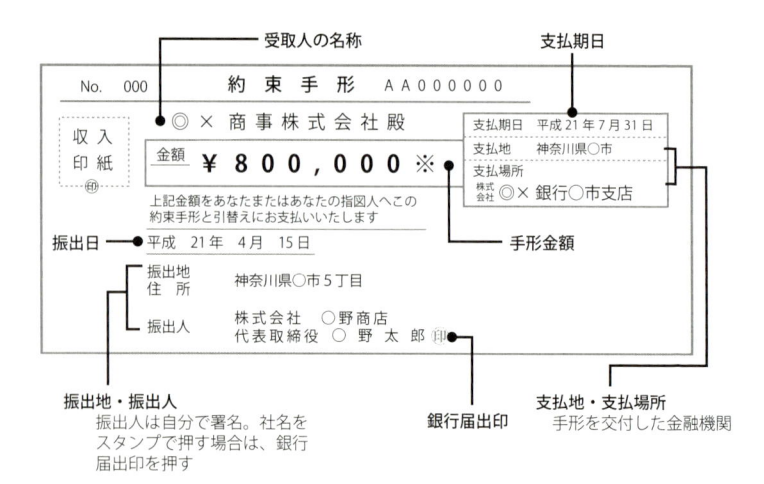

```
                    受取人の名称              支払期日

No. 000       約 束 手 形  AA000000
         ◎×商事株式会社殿         支払期日  平成21年7月31日
収入                                支払地    神奈川県○市
印紙     金額 ￥800,000 ※          支払場所
         上記金額をあなたまたはあなたの指図人へこの   株式
         約束手形と引替えにお支払いいたします     会社 ◎×銀行○市支店

振出日   平成 21年 4月 15日                    手形金額

         振出地
         住 所    神奈川県○市5丁目

         振出人    株式会社　○野商店
                  代表取締役　○ 野 太 郎 ㊞
```

振出地・振出人
振出人は自分で署名。社名をスタンプで押す場合は、銀行届出印を押す

銀行届出印

支払地・支払場所
手形を交付した金融機関

約束手形を受け取ったとき

- 手形金額が回収すべき金額と同じであるか確認。予定している入金額と違う場合は取引先に理由を尋ねる
- 取引先の社名、代表取締役の肩書き、代表者名、印鑑が押されているかを確認

仕訳は

（借方）		（貸方）	
受取手形	800,000	売掛金（または未収入金）	800,000

約束手形を振り出すとき

- **振出日**　相手に渡す日を記載。先輩や上司に確認してからのほうが無難
- **手形金額**　チェックライターか漢数字で記載
- **受取人の名称**　どこに渡したかを記入
- **振出地**　自社の所在地
- **振出人**　自社の正式な社名を書き、銀行届出印を押す
- **支払期日**　手形の決済予定日を記入

仕訳は

（借方）		（貸方）	
仕入	800,000	支払手形	800,000

第3章　毎日の経理の仕事

【小切手・約束手形への数字の書き方】

　小切手や手形に数字を記入するときは、チェックライターを使うことがあります。

　チェックライターを使って数字を書くときと、手書きするときのルールをまとめます。

チェックライター

チェックライターの場合

金額の前に「¥」を、後ろに「※」を付ける

前に付ける　¥ 1,000 ※　後ろに付ける

手書きの場合

金額の前に「金」を、後ろに「円也」を付ける
漢数字を使う

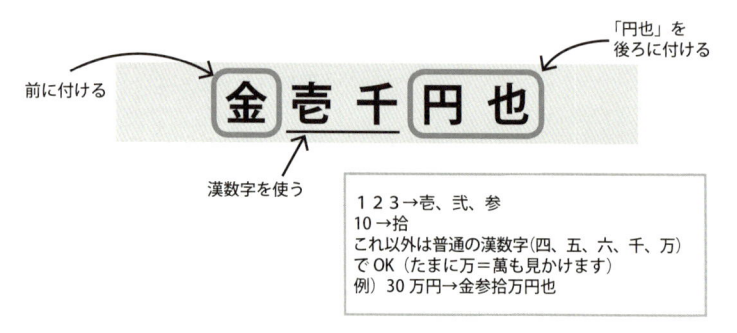

前に付ける　金 壱 千 円 也　「円也」を後ろに付ける

漢数字を使う

１２３→壱、弐、参
10→拾
これ以外は普通の漢数字（四、五、六、千、万）
でOK（たまに万＝萬も見かけます）
例）30万円→金参拾万円也

●代表社印、社印、銀行届出印

　経理担当になると、会社の印鑑や預金通帳の保管を任されることがあります。印鑑や預金通帳は会社運営上、非常に重要なので、金庫に入れるなど、しっかり管理しましょう。

　なお、会社の印鑑には、次のものがあります。

(代表者印)

　登記所に届けた会社の代表印で、契約書や税務申告書に使います。

　この印鑑は、会社としての印鑑であり、印鑑証明が必要な場合もあります。

(社印)

　代表者印を押すまでもない見積書、請求書、領収書に用いられます。このほかに、銀行届出印がありますが、代表者印で代用する会社もあります。

代表社印	社印	銀行届出印
登記所に届けたもの	見積書、請求書、領収書などに使う	金融機関との取引に使う

　また、受け取った手形や重要な契約書を経理で保管していることがあります。たいていは、丈夫な耐火金庫に入れたり、銀行の貸金庫を利用したりします。

●現金出納帳のつくり方

　現金出納があったつど伝票や仕訳帳にその内容を書くのは、時間がかかり少し面倒です。

　そこで、伝票や仕訳帳よりも書く手間が少ない現金出納帳に取引の内容を記入しておいて、後でまとめて伝票や仕訳帳に記入するケースがあります。会社によっては、仕訳帳ではなく、はじめから現金出納帳で日々の現金出納記録を行なっているところもあるでしょう。

　現金出納帳をつくるのは簡単です。お小遣い帳のように、次のような項目を記入していけばＯＫです。

①日付
　領収書の日付や現金出納（入出金）のあった日付を記載します。データを入力した日ではないので注意しましょう。

② 伝票番号
　伝票会計（伝票でお金の出入りを管理）をしている場合、その伝票番号を記入します。

③「相手勘定科目／補助科目」
　相手勘定とは、勘定科目のことをいいます。いわゆる、「何費」というものです。また、勘定科目を細分化しておくと後で何の取引だったのかがわかって便利なので、補助科目をつくっている会社もあります。

④「摘要」
　支出・収入の内容を記入します。

⑤「収入金額」、「支出金額」
　収入額・支出額を示します。

現金出納帳の例

平成21年度		現　　金			1頁 税抜
日付 伝票番号	相手勘定科目 相手補助科目	摘要	収入金額	支出金額	残高
4/1		前期より繰越			42,000
4/1 49	通信費	電話代		20,000	22,000
4/1 50	通信費	携帯電話代		10,000	12,000
4/1 51	交通費	取引先訪問		1,000	11,000

伝票番号
伝票の番号を書く。おおもとの伝票を探したいとき便利

相手勘定科目
現金の出入りの内容を表わす勘定科目が入る

摘要
支出の内容を記入

収入金額・支出金額
実際に出入りのあった金額を書く

日付
入出金のあった日

補助科目
会社によって設けていることがあります

現金出納帳を見ながら
週に一度、まとめて
伝票に記入します

第3章　毎日の経理の仕事

●勘定元帳と総勘定元帳のつくり方

　毎日の取引記録には、いろいろな勘定科目が入り交じっています。

　しかし、最終的な決算では、勘定科目ごとに金額がどうなっているのかを知りたいのですから、はじめから勘定科目ごとに分けて計算しておいたほうが後で便利です。

　そこで登場するのが、勘定科目別に仕訳を整理する「勘定元帳」です（慣れた人は「元帳」などと呼んでいます）。勘定元帳は、「現金元帳」「預金元帳」など勘定科目ごとに分かれており、それぞれの勘定科目の金額の増減を記入します。

　さらに、勘定科目ごとの勘定元帳をひとまとめにしたものが「総勘定元帳」。つまり、全部の勘定科目の元帳ということですね。

　勘定元帳には、標準式と残高式の２種類があります。ここでは、標準式の勘定元帳をモデルに説明します。

　さて、仕訳帳から勘定元帳をつくってみましょう。右ページの仕訳帳の取引記録を、勘定元帳に写します(転記といいます)。

　まず、「現金」について見てみます。現金元帳を開いて、仕訳帳の現金の相手勘定「売掛金」を現金元帳の摘要に記入します。仕丁（仕訳帳のページ数）は１ページなので１とし、借方に仕訳帳の30,000を転記します。最後に現金元帳のページ数８を仕訳帳の元丁欄に記入します。仕訳帳の売掛金についても同様に「売掛金元帳」に転記します。

　こうしてできた各勘定元帳をつづって１つにまとめたものが、「総勘定元帳」となります。

　なお、パソコン経理の場合は、伝票、もしくは仕訳帳、現金出納帳を作成した時点で、勘定元帳・総勘定元帳は自動で作成できます。

				1ページ
	仕　訳　帳		現金元帳のページ数	1

平成21年		摘　　　要	元丁	借　方	貸　方
4	6	（現　金）	8	30,000	
		（売　掛　金）	5		30,000
		A商店より回収。			
	15	（仕　入）　　　　　　　　　諸　口	30	150,000	
		（現　金）	8		100,000
		（買　掛　金）	9		50,000
		A商店より商品を仕入れた。			

現金元帳

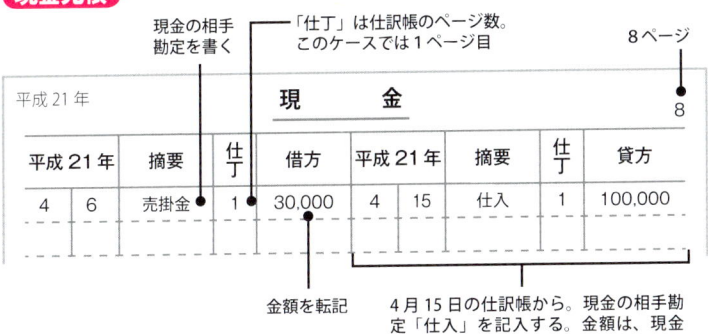

現金の相手勘定を書く

「仕丁」は仕訳帳のページ数。このケースでは1ページ目

8ページ

平成21年　　　　　　　　　現　　金　　　　　　　　　　　　　8

平成21年		摘要	仕丁	借方	平成21年		摘要	仕丁	貸方
4	6	売掛金	1	30,000	4	15	仕入	1	100,000

金額を転記

4月15日の仕訳帳から。現金の相手勘定「仕入」を記入する。金額は、現金の金額を記入

勘定元帳と総勘定元帳

勘定元帳

預金元帳
売掛金元帳
現金元帳

それぞれの勘定元帳をつづってまとめると

総勘定元帳

総勘定元帳

●現物と帳簿のチェック

　現金出納をしていると、帳簿への記入にミスが出たり、間違ってお金を渡してしまったりということがあるかもしれません。でも、ミスをそのままにしてはいけません。

　1日の現金出納が終わったら、手提げ金庫の中の現金を数え、現金元帳の帳簿残高と合っているかを確認します（この作業を照合といいます）。

　会社によっては、**金種表**を作成するところもあります。金種表とは、1万円札が何枚、5千円札が何枚と、お金の種類と手元にある枚数を一覧にした表のことです。

　なお、金種表があればどのお金がないのかがわかりますので、現金出納帳の残高と実際の残高を合わせるのに便利です。

金種表

金種	枚数	金額
10,000	3	30,000
5,000	2	10,000
1,000	5	5,000
500	4	2,000
100	3	300
50	2	100
10	3	30
5	2	10
1	5	5
合計		47,445

1万円札が何枚、5千円札が何枚といったようにそれぞれの金種がいくつあるかを示すので、計算が合わないときに原因をつかみやすいです

1,000円札が1枚多いってことは…

現金出納帳の残高 46,445円

現金出納のミスを減らすために

①現物と帳簿を照合する

金庫の中の現金と現金出納帳など、現物と1日の入出金をまとめた帳簿とを毎日照合しましょう

②金庫の中身をチェックしてもらう

金庫の中身は上司に定期的にチェックしてもらいましょう

現金出納業務では、誤入金・誤出金があってはいけません。

特に次のようなときは、トラブルが起こりがちです。対処策を知っておきましょう。

ケース	トラブルを防ぐには
出張旅費	原則、本人に渡す。受領印をもらう
社内両替	間違えのもとなので、原則、応じない
現金での集金	営業担当者には複写式の領収書を切ってもらう。1枚は顧客、1枚は会社が保管する
小切手の管理	振出日から起算して10日以内に銀行へ持ちこむ

現金が合わないときは…

　細心の注意を払って現金出納業務をしていても、金庫の中の実際の金額と、帳簿上の金額がどうしても合わないことがあります。でも、合わなくても、あわてないこと。
　次のような手順で、見直してみましょう。
　①自分で再チェックする
　②先輩、上司に合っていないことを報告
　③「現金が合わない」ときの仕訳をきる

①自分で再チェックする
　合わない原因は、後で考えると、「あっ、簡単なミスだ！」というものがほとんどです。たとえば、1) 10,000 と仕訳すべきところを 1,000 にしてしまった、2) 本来「普通預金」と勘定を記入するべきところを、「現金」と記入してしまった、3) 仕訳を一部きり忘れた、4) お金を多く支払ってしまった等です。
　今日1日の仕訳と出納伝票を1枚1枚、特に金額に注目して、見直していきましょう。誤りがわかれば修正します。

②先輩、上司に合っていないことを報告
　伝票のチェックをしても合わなければ、先輩や上司に報告します。
　何か心当たりやアドバイスがあるかもしれません。

③「現金が合わない」ときの仕訳をきる
　それでもわからなかったら、上司の許可を得て、「現金が合わない」ときの仕訳をきります。一旦、「現金」勘定を合わせる仕訳です。
　このとき使うのが、**現金過不足勘定**です。

現金が足りないとき(100円足りないとき)

(借方)	(貸方)
現金過不足　100	現金　100

現金が多いとき(50円多いとき)

(借方)	(貸方)
現金　50	現金過不足　50

　現金過不足勘定の処理をした後、2、3日してから、合わなかった原因がわかったら、次の仕訳で「現金過不足」を消して、正しい科目を記入します。

(借方)	(貸方)
買掛金　100	現金過不足　100

現金が合わないときは…

ガーン
合わない

①再チェック　　②報告　　③現金過不足勘定の仕訳をきる

合いません

借方	貸方
現金過不足 100	現金 100

第3章　毎日の経理の仕事

●誤りやすい勘定科目

交際費

現金出納を行なって仕訳をきるとき、相手勘定を何にするか迷うことがあります。

特に気をつけたい科目は、交際費です。

交際費は、得意先や仕入れ先に対して接待、贈答をしたときの支出です。

税法上、何が交際費になるかについては、細かな規定があり、他の科目と区別することがむずかしいときがあります。たとえば、得意先と打ち合わせを兼ねてカジュアルなレストランで昼食をとった場合は会議費で処理しても構いませんが、高級料亭で食事をすれば交際費になります。

数年に1回、会社に税務調査が入ることがありますが、その際に重点的に調査する項目の1つが交際費です。判断しにくいものは、先輩や上司、顧問税理士に相談しましょう。

間違いがあると税務調査で指摘されます

違ってますね

交際費になるもの・ならないもの

取引先との食事

交際費
酒席・高級料亭

会議費
弁当など昼食程度

景品

交際費
特定の取引先へのもの

広告宣伝費
不特定多数の人へのもの

慶弔見舞金

交際費
取引先等への高額なもの

福利厚生費
社内規程に則り一般的な金額のもの

接待ゴルフは交際費ですよ

行事

交際費
取引先を招いてのホテルでの飲食パーティなど

福利厚生費
社内式典など

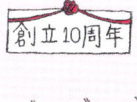

消耗品と備品

　消耗品費とは、事務用品や工具・備品などで、耐用年数（今後、その資産が使える年数）が1年未満のものや取得価額（購入したときの値段）が1つ10万円未満のものをいいます。具体的には、①事務用品、文房具、②洗剤や電球、ティッシュペーパーなどの日用雑貨品、③1セット10万円未満の家具や机、イスなどが、これにあたります。

　会社によっては、消耗品のうち、事務用品の経費を区分するために、「事務用品費」という勘定科目を使うこともあります。

　一方、**備品**は、10万円以上（資本金1億円未満の会社は30万円以上）のものや耐用年数が1年以上のものです。これらは、固定資産といって資産に含めます（計上します）。

消耗品と備品の見分け方

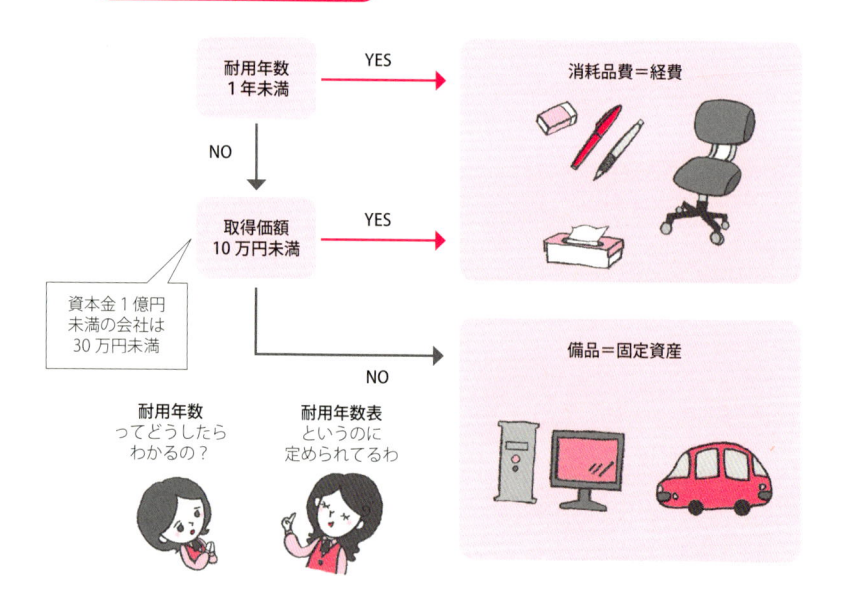

耐用年数1年未満 → YES → 消耗品費＝経費

NO ↓

取得価額10万円未満 → YES → 消耗品費＝経費

（資本金1億円未満の会社は30万円未満）

NO ↓

備品＝固定資産

耐用年数ってどうしたらわかるの？

耐用年数表というのに定められてるわ

◉帳票・証ひょうは保存が必要です

　請求書・領収書は「1日1枚」日付順に台紙にのり付けしていき、月ごとにつづるのが一般的です。
　領収書を貼り付ける台紙に特別の紙を用意する必要はありません。コピー用紙などのカット紙でも、ルーズリーフ、スクラップブックなど、整理・保管できるものであれば何でも構いません。

　1か月たったら、その月の分の領収書（小さい会社の場合、1年分でも構いません）をファイルしたり、ボール紙で表紙をつくって、ひもでとじたりして、まとめて保管します。そして、決算が終わったら、1年分まとめて箱に入れるなどして保存する企業が多いようです。

便利な保存の仕方

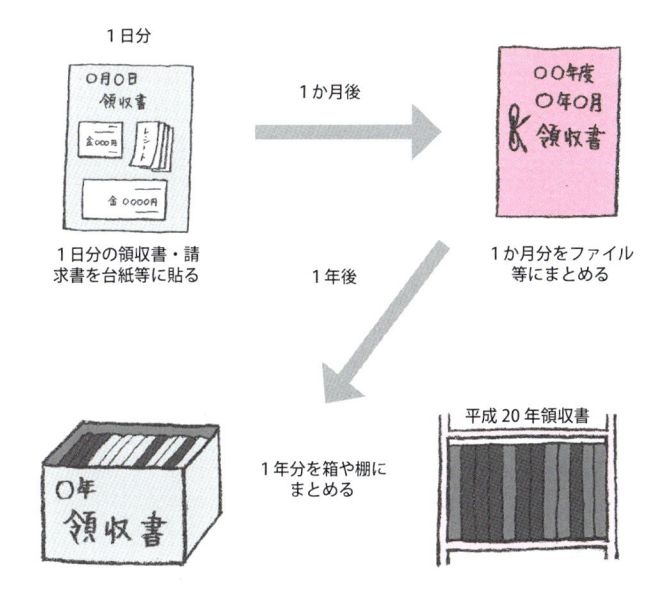

1日分 → (1か月後) → 1か月分をファイル等にまとめる
→ (1年後) → 1年分を箱や棚にまとめる

- 1日分の領収書・請求書を台紙等に貼る
- 1か月分をファイル等にまとめる
- 1年分を箱や棚にまとめる

伝票・文書の保存期間は次のようになっています。決算が終わっても証ひょうは、保存しておきましょう。

保存期間	対象文書
10年	決算書、商業帳簿（総勘定元帳、補助簿）など
7年	仕訳帳、請求書、契約書、見積書など

【終業】お疲れさまでした！

　終業になったら、現金の入っている手提げ金庫を金庫に戻します。そこで上司に言って、鍵をかけてもらいます。最後に、明日のスケジュールをチェックして今日の仕事は終了です。

第 4 章

毎月の経理の仕事

● 1か月の経理の仕事

1か月を通して経理の仕事を見ると、いくつかの仕事の締切りがあります。たとえば、25日にお給料を支給するのに、この日までに給料計算ができていないのでは困ります。

右の表に、典型的な1か月のスケジュールを書いておきました。おおよその目安になると思います。なお、スケジュールは、会社によって異なります。カレンダーに自分の会社の業務の流れや仕事の締め日をメモしておきましょう。

なお、「締め日」という言葉を使うことがありますが、これは、取引において請求する締切日です。たとえば、「月末締め」といえば、1日から月末までの売上を集計して請求書を送り、「15日締め」といえば、前月の16日から今月15日までの売上を集計することをいいます。

▶締め日とは…1か月のお金の出入りをいったん締めて集計する日のこと

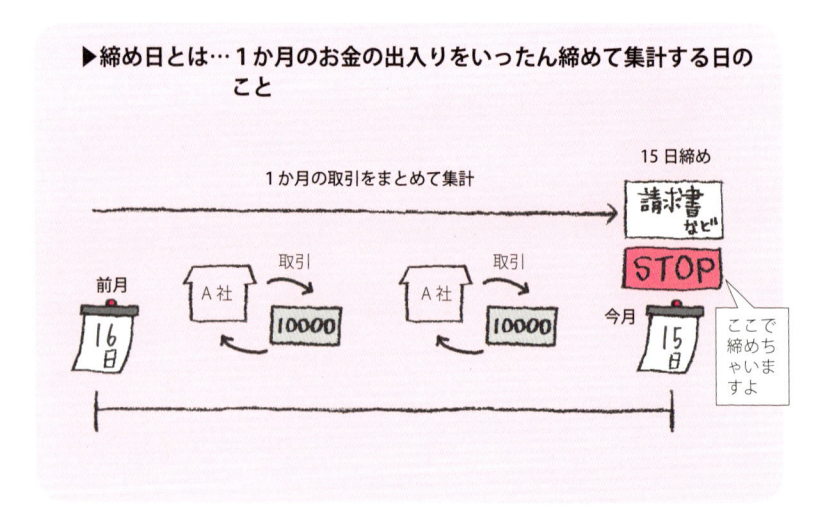

1か月の経理の仕事リスト

一般的な作業日	行なう仕事	仕事のリスト	あなたの会社では？
1日から10日	売上代金の請求 (販売したものの代金を相手に請求します) 源泉税の納付 (先月支払った給料から天引き(徴収)した所得税・住民税を支払います)	・請求書作成 ・仕訳 ・源泉所得税の納付 ・住民税(市町村税)の納付	
11日から20日	月次決算 (1か月の総まとめです)	・当座預金や普通預金の記帳 ・仮払金、仮受金の整理 ・経過勘定項目の計上 ・月次在庫の確認 ・月割経費の計上 ・消費税のチェック ・試算表の作成	
21日から31日	給料計算 仕入代金整理 (今月の仕入代金を整理します) 消費税の納付	・支給総額の計算 ・控除額の計算 ・差引支給額の支払い ・請求書の受領 ・仕訳	

第4章　毎月の経理の仕事

> 上旬の仕事

●売上があったときの経理と事務処理の流れ

請求書作成・帳簿転記・入金確認

営業担当者等からまわってくる1か月間の営業データをもとに、請求書作成等の事務を行ないます（請求書については、会社によって営業部門が作成することもあります）。

売上があったときの処理は以下のように行ないます。
1、請求書作成
2、仕訳
3、元帳・補助簿への転記
4、入金の確認

1、請求書作成

営業担当者から受け取る1か月間の営業データ等をもとに請求書をつくりましょう。

請求書は月末に締めて翌月上旬に得意先に発送する会社もあれば、商品の発送ごとに発行する会社もあります。会社の事情に応じて、対応してください。

請求書に記載しなければならない事項は、①相手の会社名（「株式会社○×商事御中」などとする）、②請求番号、③支払日、④請求額、⑤振込先です。

通常、請求書は得意先へ送る分と会社控えの2部、作成します。会社控えは会社で保管しておきます。

請求書で必ず確認するもの

②請求番号
（お客さんからの問い合わせにすぐ答えられるようにします）

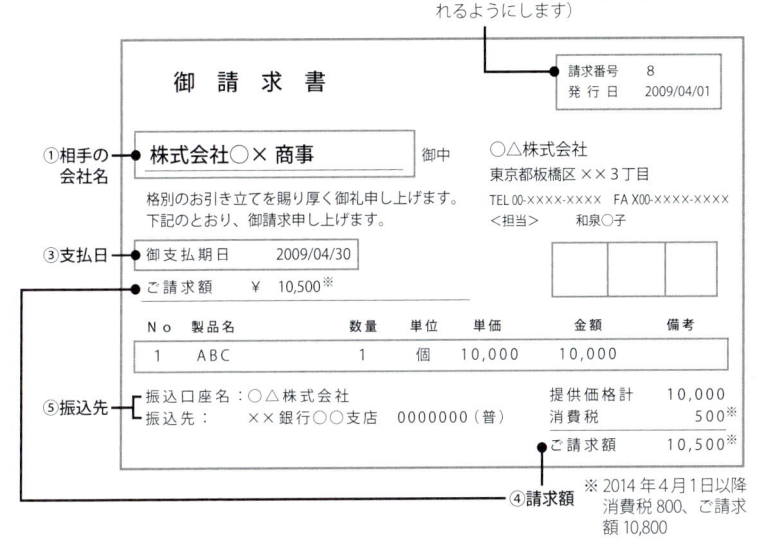

```
          御 請 求 書                    請求番号    8
                                       発行日   2009/04/01

    株式会社○×商事        御中      ○△株式会社
                                   東京都板橋区××3丁目
    格別のお引き立てを賜り厚く御礼申し上げます。  TEL 00-xxxx-xxxx  FAX00-xxxx-xxxx
    下記のとおり、御請求申し上げます。       ＜担当＞  和泉○子

    御支払期日    2009/04/30
    ご請求額    ¥ 10,500※

    No  製品名     数量  単位   単価      金額     備考
    1   ABC        1    個   10,000   10,000

    振込口座名：○△株式会社           提供価格計  10,000
    振込先：   ××銀行○○支店 0000000(普)  消費税       500※
                                      ご請求額   10,500
```

- ①相手の会社名
- ③支払日
- ⑤振込先
- ④請求額

※ 2014年4月1日以降消費税800、ご請求額10,800

請求書発行の際の見直しチェックポイント

| 営業担当者等から受け取る請求リストと請求書をつきあわせて確認する | パソコンで請求書を作成している場合、送付の際に封筒に入れ忘れている請求書がないかチェック！ |

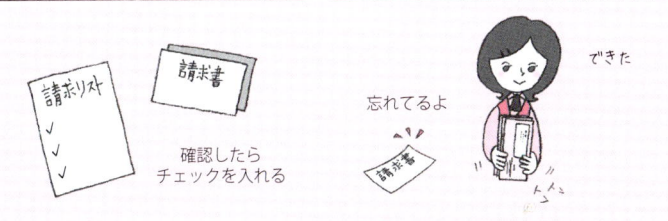

確認したらチェックを入れる

忘れてるよ

できた

時効に注意！　5年間請求しないと時効になるので、請求もれのないように注意しましょう

第4章　毎月の経理の仕事

2、仕訳

請求書を発行したら、売上の仕訳をしましょう。

①仕訳の日付

月末締めの場合、月初めに請求書を作成しますが、前月末日の日付で仕訳します。なぜかというと、請求書を作成したのは今月であっても、実際の取引があったのは前月だからです。

②税抜処理か税込処理か

商品を売るときは、消費税がかかります。経理では、消費税のことまで考えて処理をする必要があります。

消費税については、2つ処理の仕方があります。

1つは、最初から消費税を抜いて計算する**「税抜処理」**。これは、たとえば、本体価格が1,000円のとき、売上高も1,000円と記帳する方法です。2つ目は、消費税を含めた金額で売上を計算する**「税込処理」**。こちらは、たとえば、本体価格が1,000円のとき、売上高1,050円[※]と記帳します。

このどちらを採用しているかによって、仕訳が異なります。

税抜処理を採用している場合、元帳を見ると、「仮払消費税」、「仮受消費税」という勘定科目が出てきます。出てこなければ、税込処理です。

【税抜処理の場合】

(借方)	(貸方)
売掛金 1,050	売上高 1,000
	仮受消費税 50 [※]

【税込処理の場合】

(借方)	(貸方)
売掛金 1,050 [※]	売上高 1,050 [※]

[※] 2014年4月1日以降は、仮受消費税80、売掛金1,080、売上高1,080

仕訳の日付

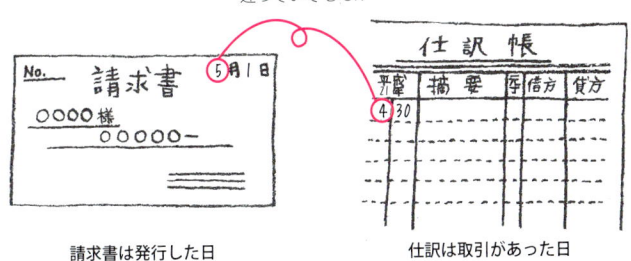

違っていても OK

請求書は発行した日

仕訳は取引があった日

税込処理と税抜処理

本体価格

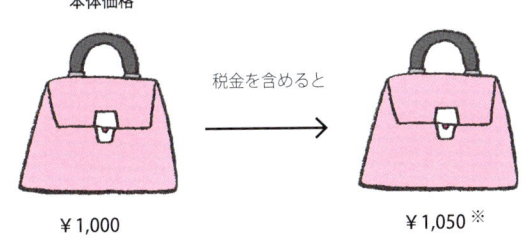

税金を含めると

¥1,000 → ¥1,050 ※

▶ **税込処理**　　本体価格　1,000 円
　　　　　　　　→ 売上高　1,050 円※で処理

▶ **税抜処理**　　本体価格　1,000 円
　　　　　　　　→ ｛売上高　1,000 円
　　　　　　　　　　仮受消費税　50 円※で処理

※ 2014 年 4 月 1 日以降は、税込処理の売上高は 1,080 円、税抜処理の仮受消費税は 80 円

3、元帳・補助簿へ転記する

仕訳を見ながら、元帳へ転記します。

会社によっては、元帳のほかに、補助簿を作成することがあります。補助簿は元帳を取引先ごとに分けて作成しているものです。たとえば、取引先「A社」の売掛金、「B社」の売掛金などと、それぞれ帳簿を別にします。

会社がパソコン会計を採用している場合には、売上の仕訳をきると、転記はパソコンが自動で処理してくれます。

売掛金元帳へ転記する（税抜処理の場合）

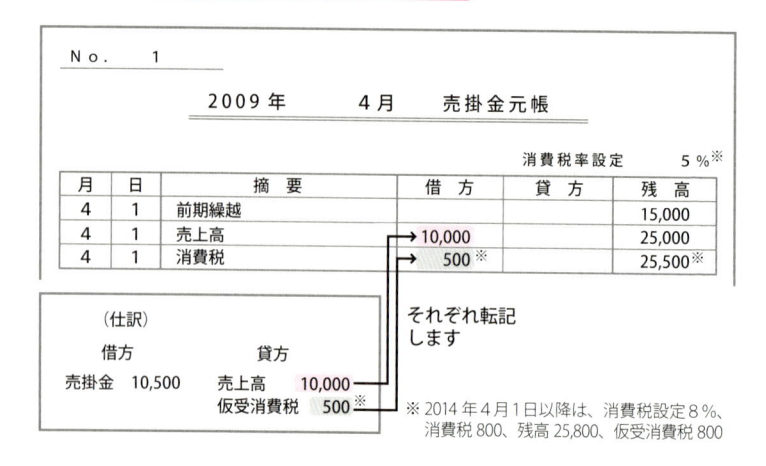

No. 1

2009年　　4月　　売掛金元帳

消費税率設定　5％※

月	日	摘　要	借　方	貸　方	残　高
4	1	前期繰越			15,000
4	1	売上高	10,000		25,000
4	1	消費税	500※		25,500※

（仕訳）

借方		貸方	
売掛金	10,500	売上高	10,000
		仮受消費税	500※

それぞれ転記します

※ 2014年4月1日以降は、消費税設定8％、消費税800、残高25,800、仮受消費税800

4、入金確認

入金される日付は、A社は15日、B社は月末という具合に、得意先ごとに決まっていますので、その日程に合わせて確認しましょう。実際に入金があったかどうかは、第3章で見たように、銀行に行ったりネットバンキングで確認するのでしたね。

●間違いなく請求を行なうために

売掛金の請求・記帳ミスをすると、自社だけでなく、得意先・仕入先にも迷惑をかけます。ミスを減らすために、次のような工夫をしましょう。

①売掛金の金額は必ず二度計算する

請求書の作成や仕訳をきる際には、ミスを未然に防ぐ意味から、必ず二度計算します。可能であれば2人くらいで行なうとよいでしょう。

> 二度計算してね

②残高とつきあわせをする

「月末締め・翌月払い」という取引では、前月の売掛金は今月末に精算されます。前月の売掛金が契約のとおり支払われれば、売掛金元帳の残高はいったん、ゼロになります。

たとえば、3月31日に翌月4月30日払いの条件で15,000円の掛け売りをしたとします。4月30日になれば、この代金は回収されるので、未回収金額はゼロになります。

ゼロになっていなければ、請求ミスや仕訳・転記ミスを疑いましょう。

回収されると売掛金元帳の残高はゼロになります

売掛金元帳　　消費税率設定　5％※

月	日	摘要	数量	単価	売上 税抜売上額	売上 消費税	入金額	差引残高
4	1	前期繰越						15,000
4	30	当座預金					15,000	0

ゼロになっているから OK。
ここがプラスだったり、マイナスだったりすると、
間違った金額が入金されている可能性アリ

※2014年4月1日以降は、消費税率設定8％

●源泉税の納付

源泉所得税　→　徴収した月の翌月10日までに納付します

　会社は毎月の給料計算で、社員から所得税を徴収します。給料という社員がもらうお金の源（源泉）から徴収するので、源泉徴収というのですね。

　会社が徴収した源泉所得税は、1か月分をまとめて、源泉徴収した月の翌月10日までに納付します。

　納付は、税務署、郵便局や銀行などの金融機関で行ないます。その際には、**「給与所得・退職所得等の所得税徴収高計算書」**（納付書）と必要な現金を持っていきます。納付書は、税務署から送られてきますので、あらかじめ会社で記入してから納付に行くとよいでしょう。なお、書き損じた場合には税務署でもらえます。納付の現金は、大きな額になるのでくれぐれも気をつけてください。事前の手続きを行なえば、ネットバンキングでの振込みも可能です。

住民税　→　徴収した月の翌月10日までに納付します

　会社は従業員の給料から徴収した住民税を、翌月の10日までに、通知を受けた市区町村へ納付します。税額の納付は、市区町村から送られてきた納付書を使います。納付は、市区町村の窓口、郵便局や銀行などの金融機関で行なえます。

源泉所得税の納付書

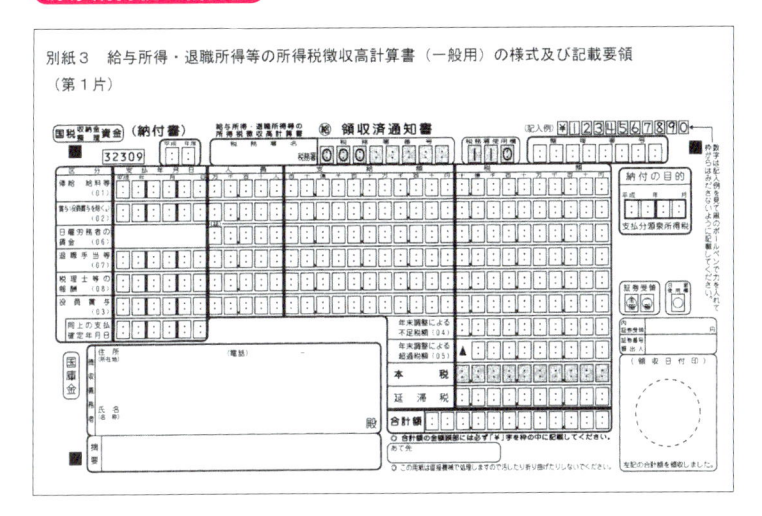

別紙3　給与所得・退職所得等の所得税徴収高計算書（一般用）の様式及び記載要領
（第1片）

10人以下の会社なら半年に一度でいい納期の特例

　給料の支払いを受ける人が常時10人未満の会社では、市区町村の承認を受ければ、源泉所得税・住民税を、半年に一度いっぺんに納付することができます。これを納期の特例といいます。

- **源泉所得税**…7月から12月までの分を翌年1月10日までに納付
  　　　　　　　1月から6月までの分を7月10日までに納付
- **住民税**　　…6月から11月までの分を12月10日までに納付
  　　　　　　　12月から翌年5月までの分を翌年6月10日までに納付

中旬の仕事
●月次決算

月次決算とは、1か月のお金の流れをまとめるために、毎月行なうものです。月次決算を行なう目的は、次のようなものです。

・経理処理の誤りを発見

仕訳や転記ミスをチェックするための**「試算表」**というものをつくり、正しく記帳されているかを確認します。

・黒字・赤字の原因を発見

月ごとの損益（いくらお金を使っていくら儲けたか）を計算できます。この結果に基づいて、来月は経費の削減をしようとか、人材の採用をしようなどと、会社経営の改善が図れます。

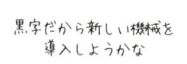

そのほかにも、

・経営計画と比較して、達成度を把握

経営計画を出している会社では、いま現在でどの程度まで目標を達成しつつあるかを確認できます。

・金融機関から借入をすると、毎月試算表の提出を求められます

●月次決算の手続き

　一般的に月次決算では、下の表のような仕事を行ないます。ただし、会社によっても特色があります。あなたの会社でやっていることをメモしておきましょう。

一般的な手続き	あなたの会社は？
当座預金や普通預金の記帳	
仮払金・仮受金の整理	
経過勘定項目の計上	
月次在庫の確認と原価計算	
月割経費の計上	
消費税のチェック	
試算表の作成	

●当座預金や普通預金の記帳

　通常は、入金や振込みがあったつど記帳して帳簿と照合していると思いますが、忙しくて銀行に行けなかったり、記帳を忘れることがないとはいえません。そこで月の末日には、確認のため必ず記帳します。

●仮払金・仮受金等の整理

　仮払金・仮受金（入金はあるが、どういう理由で入金があったのかわからないもの）の精算が終わっていなければ、早めに精算してもらいましょう。1か月分の仮払いの精算書を見ながら未精算のものがないかを確認し、もしあったら、当人に早く精算してくれるよう催促しましょう。「月次決算なので」と言えば、協力してくれる人が多いと思います。

●経過勘定項目の計上

「経過勘定項目」というのは、ちょっと見慣れないかもしれませんね。これは、経費が月をまたいでしまったときの処理です。

たとえば、15日払いのリース契約（月額5,000円）を結んだとします。そのとき、12月の月次決算ではどう処理したらいいでしょうか？

（借方）		（貸方）	
リース料	5,000	現金	5,000

支払時には、このように仕訳をします。

しかし、よく考えると、この仕訳では、翌月1月1日から1月14日までのリース料（2,500円分）も12月の経費にしていませんか？

そこで、月次決算では、この仕訳から、翌月1月1日から1月14日までの分の2,500円を、12月の経費から引く仕訳が必要になります。

つまり、下のようになります。

（借方）		（貸方）	
リース料	5,000	現金	5,000
前払費用	2,500	（1月の）リース料	2,500

これで、12月分のリース料は2,500円になりました。

逆に12月分のリース料を翌月の1月に支払うのであれば、12月の時点では、次のような仕訳をきります。

(借方)	(貸方)
(12月の)リース料　2,500	未払費用　2,500

経過勘定

▶ **12月に支払った場合**

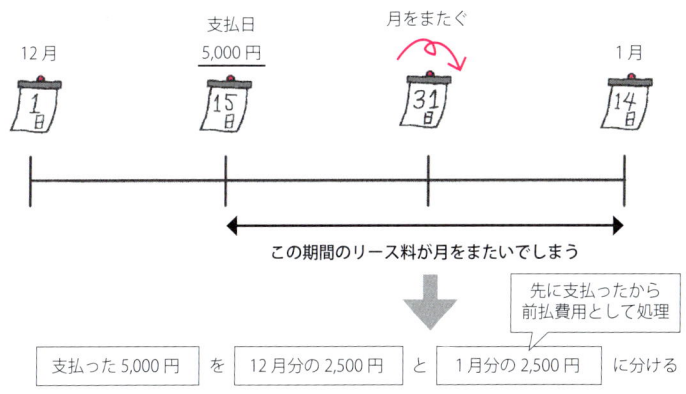

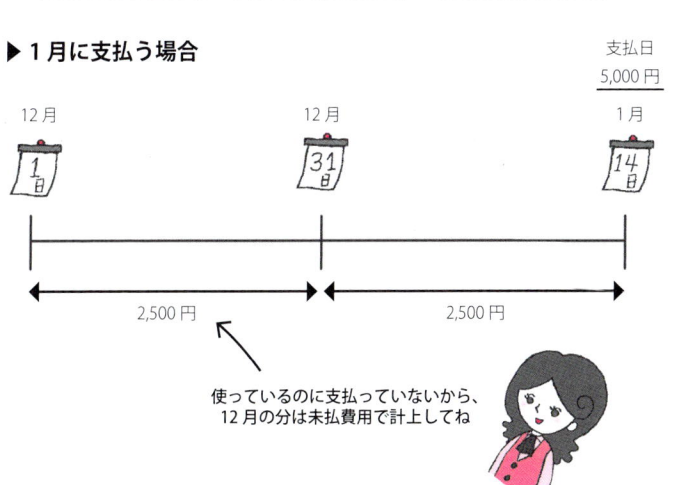

支払日 5,000円 — 12月1日 / 15日 / 31日（月をまたぐ）/ 1月14日

この期間のリース料が月をまたいでしまう

先に支払ったから前払費用として処理

支払った5,000円 を 12月分の2,500円 と 1月分の2,500円 に分ける

▶ **1月に支払う場合**

支払日 5,000円 — 12月1日 / 12月31日 / 1月14日

2,500円 / 2,500円

使っているのに支払っていないから、12月の分は未払費用で計上してね

第4章　毎月の経理の仕事

一方、月をまたがって、支払いを受ける可能性があるものとしては、利息、保険料、家賃、保証料があります。

　月次決算では、こうした支払いについても、先ほどのリース料と同様に、支払いを前もって受けた代金（「前受収益」といいます）、後払いの代金（「未収収益」といいます）を意識して処理します。
　気をつけたい主な勘定科目を右ページで紹介します。
　なお、利息や保険料等ではなく、商品代金を前もって受け取った場合には「前受金」、商品代金を後で受け取る（後払い）の場合には「売掛金」という勘定科目を使います。

注意したい勘定科目

前もって受け取ったもの

利息・保険料等
＝
前受収益

商品代金
＝
前受金

後でお金を受け取るもの

利息・保険料等
＝
未収収益

商品代金
＝
売掛金

気をつけたい主な勘定科目

▶前払費用　先に払った

今月支払い（出金）

来月以降、経費として経理処理
（帳簿に記入）

▶未払費用　まだ払ってない

今月、経費として経理処理

来月以降支払い

▶前受収益　先にお金をもらった

今月入金

来月以降、収益として経理処理

▶未収収益　後でお金が入る

今月、収益として経理処理

来月以降入金

●月次在庫の確認と原価計算

棚卸・原価計算とは？

　会社によっては、月1回、もしくは年に1回在庫確認をします。**棚卸**と呼ばれているものです。

　棚卸には、
① 実在する商品と帳簿上の数字が合っているかを確認する
② 在庫を確認したうえで、売上原価の確定をする
という目的があります。

　①は、工場や倉庫・お店にある在庫をカウントし、その数字と帳簿上の数字が合っているかを確認します。これは、工場や倉庫の現場で行なうこともありますし、ときには経理担当者が行くこともあります。会社によっても方法が異なりますので、具体的な仕事内容については先輩や上司に聞いてみてください。

　②について、まず、**「売上原価」**から説明していきましょう。

　売上原価とは、売った分の商品を仕入れるのにかかった金額（コスト）です。

　これは、会社の儲けを正しく出すために必要なものです。なぜなら、商品を販売した売上がすべて儲けになるわけではないからです。商品を売るためには、その商品を仕入れたり、つくったりするための費用がかかっています。

　たとえば、10万円で商品を売ったら10万円儲かったと思うかもしれません。でも、実は10万円の商品を5万円で仕入れていたらどうでしょうか？　売ったお金10万円－仕入れた金額（売上原価）5万円で、5万円の利益となってしまいます。もし、11万円で仕入れていたら、1万円の赤字です！　10万円売っても、売上原価がいくらなのかで、儲けたのか損をしたのかが変わってきます。

売上原価によって儲けが変わる

10万円の商品が売れた！

10万円で売れても儲けは 50,000 円

仕入値 50,000 円

原価がかかっている

　この売上原価の考え方は、経理の腕の見せどころです。

　営業担当者など経理以外の人は、在庫数が少ないほど、よく売れたと判断するかもしれません。在庫数が 10 個であれば、在庫数 100 個より売れ筋と考えるでしょう。

　でも、経理担当者は、「金額にしていくらなんだろう」という判断をします。10 個であっても、金額にすると 100 万円の商品もあるし 10 万円の商品もあります。そして、それぞれいくら儲かっているかを考えると、だいぶ違ってきてしまいますよね。

　最終的な会社の儲けは、お金で計算されます。だからこそ、**「今、残っているのはいくらで、いくら売れたんだ？」**という経理的な発想が必要なのです。

経理的な考え方とは

いくらで仕入れていくらで売れた？

10 個も売れたわ

経理的な考え方

第 4 章　毎月の経理の仕事

売上原価の計算の仕方

売上原価の出し方について、例をあげて説明しましょう。

まず、今月の初めに、在庫が3個あり、月中に10個仕入れ、月末に2個の在庫が残っているとします。

では、いくつ売れたのでしょう？ 簡単です。

月初在庫3個＋仕入10個－月末在庫2個＝売れた個数11個

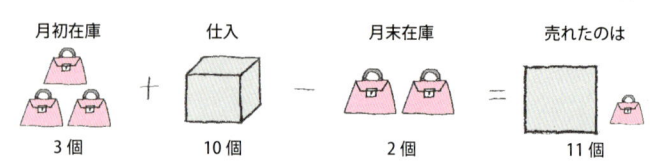

月初在庫	仕入	月末在庫	売れたのは
3個	10個	2個	11個

という計算になりますね。

次に、売上原価について見てみましょう。

売上原価は、次の公式で求めることができます。

売上原価 ＝ 月初商品棚卸高 ＋ 当月商品仕入高 － 月末商品棚卸高

> つまり売上原価＝前月の売れ残りの値段＋今月の仕入れ値－今月の売れ残りの値段ね

この公式と、上の売れた個数を計算した式と比べてみましょう。月初在庫＝月初商品棚卸高、仕入＝当月商品仕入高、月末在庫＝月末商品棚卸高なので、売上原価の公式は、売れた個数を求める式と意味は同じです。

次に、金額で考えてみましょう。月初在庫（月初商品棚卸高）が3個で30,000円、今月の仕入（当月商品仕入高）が10個400,000円、月末在庫（月末商品棚卸高）が2個20,000円だとします。

このとき売れたもののコスト（売上原価）はいくらでしょうか？

30,000円 + 400,000円 − 20,000円 = 410,000円

この410,000円が売上原価、すなわち売れた商品にかかったコストです。

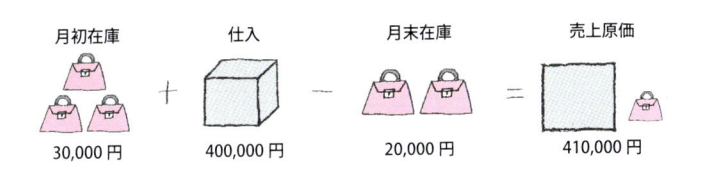

月初在庫	仕入	月末在庫	売上原価
30,000円	400,000円	20,000円	410,000円

では、利益はいくら出たのでしょうか？ もし、450,000円で売れていれば、利益は450,000円 − 410,000円（売上原価）＝40,000円と利益が計算できます。この利益を、経理では「売上総利益」とか「粗利」と呼んだりします。

月次決算では、次のように仕訳をきります。

（借方）	（貸方）	
仕入 30,000	商品 30,000	月初在庫の金額をいったん「仕入」勘定に入れる
商品 20,000	仕入 20,000	月末在庫の金額を引く

なお、業務システムを導入していれば、月末在庫が瞬時にわかりますので、販売個数や売上原価もすぐ把握できます。

●月割経費の計上

会社によっては、「**月割経費**(つきわりけいひ)」を計上しているところもあります。月割経費は、決算という観点では年1回計上すればいいものを、月割で計上するものです。

年1回行なわれる決算では、減価償却費など、年に1回計上する決まりになっているものや、火災保険など年ごとに支払うものを計上します。

しかしこれらは、数十万円から数百万円と大きな額になるので、決算月だけ多額な経費が発生してしまいます。そこで、年間の経費見込額(たとえば120万円)を12で割って、この金額(先の例だと毎月10万円)を毎月、計上します。

月割経費の例

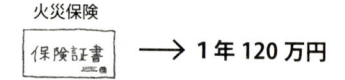

火災保険

保険証書 → 1年120万円

▶3月に1年分支払うと

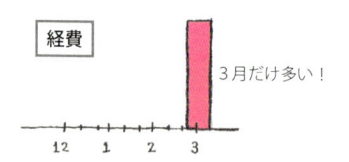

経費

3月だけ多い！

▶毎月(12か月分)にならすと

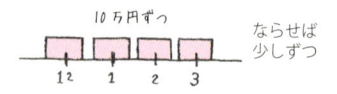

10万円ずつ

ならせば少しずつ

決算月だけ多額にならないように「月割経費」を計上します

この月割経費は、会社によって、やり方が違いますので、先輩や上司に聞いて、会社独自のやり方に従いましょう。

●消費税のチェック

　消費税の経理処理は、年次の決算で確定します。しかし、1年分をまとめてチェックすると作業が大変なので、月次決算で確認している会社もあります。
　まずは、消費税の仕組みを見てみましょう。

消費税の仕組み

　消費税には、**「課税取引」**、**「非課税取引」**、**「免税取引」**があります。「課税取引」は消費税が課税される取引です。「非課税取引」は、土地の譲渡や利息のように消費税をかけない決まりになっている取引をいいます。「免税取引」は、輸出のように国の課税権が及ばないことから税が免除されているものです。

さまざまな消費税の取引

▶**国内の取引**　　　　　　　　　　　　105円です

- 課税取引…消費税が課税される取引
  （商品を売った場合など）

- 非課税取引…消費税がかからない取引
  （土地譲渡、利子支払い、住宅貸付、社会保険など）

▶**国外との取引**
- **免税取引…輸出など**

ただし、輸入品は課税！

第4章　毎月の経理の仕事

パソコン会計を採用している会社では、会計ソフトのほうで初期設定されていますので、それに従うのがいいでしょう。

消費税の処理のチェックポイント

　消費税についてチェックしておきたいのは、本来なら課税取引である取引が「非課税取引」や「免税取引」として処理されていないかということです。

　そこで、多くの会社で使われている、会計ソフトの消費税の集計機能を使って出した消費税の集計表を見ながら、「免税売上」や「非課税売上」の項目に注目してチェックしてみましょう（右ページ上図参照）。

　まず、「免税売上」はゼロですので、今月は、帳簿上免税売上（＝輸出）がないことを意味します。あなたの会社で輸出がなければ、会計ソフト上の処理も正しく行なわれています。請求書で確認をしてみてください。
　「非課税売上」を見ると8,058円の取引があります。このとき、土地の譲渡や利息がなかったか思い出してみます。土地の譲渡や利息は非課税取引なので、こうした取引が発生していれば、「非課税売上」がゼロでなくてもおかしくありません。通帳の残高等を見て確認します。

消費税の集計表でチェックする

「免税売上なし」を示す。チェックポイント＝今月輸出がなかったか確認

非課税売上 8,058 円。チェックポイント＝土地の譲渡や利息を確認

	課税売上（税抜）	免税売上（輸出等）	非課税売上	消費税
売上	53,504,857	0	8,058	2,675,242 ※

※ 2014 年 4 月 1 日以降は、消費税の欄は 4,280,388

消費税の処理のチェックポイント

・免税売上のチェック

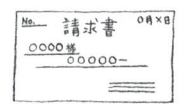

請求書で確認

・非課税売上のチェック

通帳や上司に確認

黙って土地なんて売ってないですか？

ないない

●試算表の作成

試算表って何?

　試算表は総勘定元帳の各勘定科目の残高を一覧表にしたものです。ここでは、経理でよく使われる残高試算表について説明します。

　仕訳を元帳に転記した際にミスがないとも限りません。そこで、正しく転記が行なわれたのかどうかをチェックするために、残高試算表をつくります。その仕組みを説明しましょう。

①仕訳をきります

（借方）売掛金 100 ／（貸方）売上高 100

②元帳へ転記します

売掛金元帳	売上元帳
売上高 100	売掛金 100

③この形で、試算表をつくると

残高試算表

売掛金 100	売上高 100

　貸借の金額は、100で一致します。

　もし、②で転記ミスをして、こんなふうに書くと、

売掛金元帳

売上高 10

試算表は、

残高試算表

売掛金 10（間違い→）	売上高 100

で、貸借の金額は 10 と 100 で、一致しなくなります。

（どこで間違ったのかしら）

残高試算表作成までの流れ

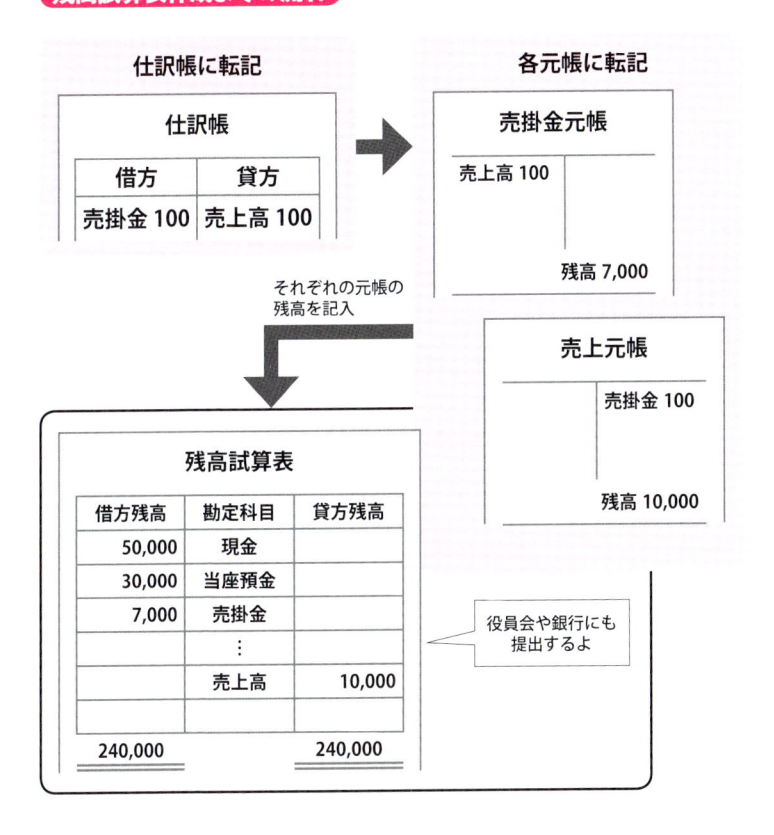

仕訳帳に転記

仕訳帳

借方	貸方
売掛金 100	売上高 100

各元帳に転記

売掛金元帳

売上高 100

残高 7,000

売上元帳

売掛金 100

残高 10,000

それぞれの元帳の残高を記入

残高試算表

借方残高	勘定科目	貸方残高
50,000	現金	
30,000	当座預金	
7,000	売掛金	
	⋮	
	売上高	10,000
240,000		240,000

役員会や銀行にも提出するよ

　残高試算表はすべての勘定科目の残高を一覧表にして示していますので、略式の決算書と見ることができます。

　銀行から借入れをしていると、毎月残高試算表を出してくれと言われますが、正式な決算書の提出は会社の負担になるので、略式なものを出してもらい、会社の経営内容を判断しようとしているのです。また、会社でも、自社の経営状態を分析するために使われる、大事な資料です。

残高試算表のつくり方

さて、早速、残高試算表をつくっていきましょう。

試算表には、主に、合計残高試算表と残高試算表がありますが、ここでは経理実務でよく使われる残高試算表だけ説明します。

残高試算表は、元帳をもとに作成されます。具体的には、各勘定の残高を残高試算表というものに転記して作成します。

右ページの表で説明すると、今、現金勘定の残高が、52,700円だとします。この52,700を残高試算表の借方（現金は"資産"なので借方です）に転記します。これをすべての元帳について行ないます。

なお、パソコン会計を使っている会社では、ボタン（アイコン）を押すと、ソフトが残高試算表を作成してくれますので簡単です。

現金元帳から残高試算表をつくる

▶現金元帳

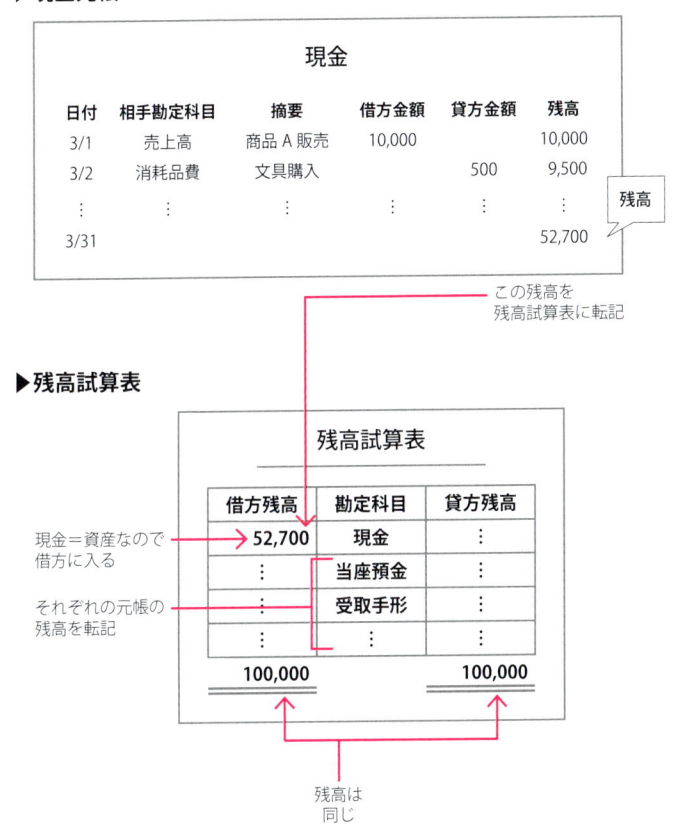

現金

日付	相手勘定科目	摘要	借方金額	貸方金額	残高
3/1	売上高	商品A販売	10,000		10,000
3/2	消耗品費	文具購入		500	9,500
⋮	⋮	⋮	⋮	⋮	⋮
3/31					52,700

残高

この残高を残高試算表に転記

▶残高試算表

残高試算表

借方残高	勘定科目	貸方残高
52,700	現金	⋮
⋮	当座預金	⋮
⋮	受取手形	⋮
⋮	⋮	⋮
100,000		100,000

現金=資産なので借方に入る

それぞれの元帳の残高を転記

残高は同じ

注意！ 資産科目、費用科目は借方に、負債科目、純資産科目、収益科目は貸方に転記するので、間違えないようにしましょう

残高試算表でミスをチェックする

残高試算表の次のような点に着眼すると、元帳への転記ミスや仕訳のミスを発見できることがあります。

①マイナス金額

残高試算表の借方残高、貸方残高いずれにも、原則的にマイナスは発生しません。

もし、マイナスになっていれば、仕訳ミスや転記ミスが疑われますので、元帳や仕訳帳を確認します。

このとき、特に注意して見てほしいのは、元帳です。元帳には記入したときの残高が記載されていますが、このとき、残高がプラスからマイナスに変わったところの仕訳を入念にチェックします。ここで間違えている可能性が高いのです。

②借方合計金額＝貸方合計金額

第2章の仕訳の単純なルール（ルール2）で見たように、借方合計金額＝貸方合計金額になります。そして、勘定元帳は、これに基づいて作成されます。これらの手順が合っていれば、残高試算表の借方合計金額＝貸方合計金額となっているはずです。

反対に、借方合計金額＝貸方合計金額になっていなければ、それまでの計算のどこかに間違いがあるということになります。

なお、パソコン会計を使っている場合、②はコンピュータが自動で検証しているので、注意する必要はありません。①の部分を中心に、入力ミスがないかチェックしましょう。

残高試算表でミスを見つけよう

▶マイナス金額

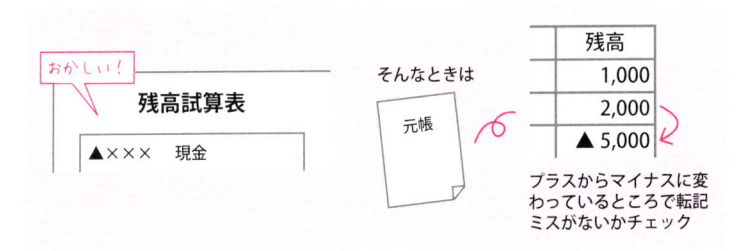

おかしい！

残高試算表

▲××× 現金

そんなときは

元帳

残高
1,000
2,000
▲ 5,000

プラスからマイナスに変わっているところで転記ミスがないかチェック

▶借方合計金額＝貸方合計金額になっていない

残高試算表

1,000　　　現金
　　　　　　⋮
　　　　　　売上高　　　1,005

借方合計金額 2,000　貸方合計金額 2,005

借方合計金額≠貸方合計金額
で間違っている

そんなときは、

現金元帳

仕訳帳　　伝票

などをチェック

下旬の仕事

●給料計算

　毎月の給料日は会社によって決まっています。そのため、給料計算の担当者は給料支給日間近になると、急に忙しくなります。

　でも、給料計算をするのに必要な資料をいつまでに集めておくのか、その目安をつけておけば、仕事がスムーズに運びます。

　給料支給日を25日と考えたときの、給料計算の仕事の流れは、だいたい下の表のようになります。ただし、会社によって異なるので、自社のスケジュールを書き込んでおくといいでしょう。

標準的な日程	給料計算の仕事の流れ	あなたの会社では？
前月末日まで	給料計算の準備（昇給・昇格等の情報収集など）	
前月末	次月の給料計算の対象となる日の最終日（締切日）	
15日頃	給料計算	
20日頃	支払いの準備	
25日	給料支払日	

●給料計算の準備

　給料計算を行なう前に次の資料を事前に揃えておきましょう。スムーズに給料計算ができます。

①昇給・昇格のある人の有無とその金額など → 上司・人事部などに確認

- 昇給表等のルールに基づいて該当する人の基本給を変更します

②残業時間・早出早退時間等の勤怠情報 → 出勤簿・タイムカード等で確認

給与計算ソフトやパソコンの表計算ソフトを使えばデータを入力するだけ

③税金・社会保険料の改正の有無 → 監督官庁からの案内をチェック

④社内積立金や社内斡旋品の購入など個人の控除額の有無
　　　　　　　　　　　　　　　　→ 社内のルールに従う

●給料の仕組み

　給料計算でミスがあれば、すぐ従業員からクレームが来ます。給料計算はミスの許されない業務の1つです。
　でも、給料の仕組みをよく理解していれば、ミスを少なくすることができます。

　まず、給料明細を見てみましょう。
　給料明細は、おおまかに、①**会社支給額**（基本給＋各種手当）、②**控除額**（社会保険料＋税金）、③**差引支給額**、からなっています。
　差引支給額は、①から②を引き算して計算されます。実際に社員に支払われる額ですから、間違えないように注意が必要です。

給料明細の一例

給料明細

山田太郎殿　　　　　　　　　　4月分

	勤務	出勤	有給休暇	振替出勤	振替休日
		20.0			

		基本給	時間給	時間外手当	役職手当
① 基本給 ＋ 各種手当	会社支給額	320,000	0	0	50,000
		通勤手当			
		5,780			
② 社会保険料 ＋税金	控除額	雇用保険料	健康保険料	介護保険料	厚生年金
		3,780	15,580		28,492

なお、給料計算の仕事は、
1、支給額の計算
　・各種手当と残業代の計算
　・給料から控除される額を計算
　・差引支給額を計算
2、給料明細の作成
3、給料の支払い（振込み）
となります。
　これから順に説明しましょう

欠勤	実働時間	残業時間	深夜時間	休日時間
	160.0			

家族手当	住宅手当			
0	0			
				総支給額
				37,5780
社会保険料調整額	所得税	住民税	総控除額	
0	4,400	20,000	72,252	

③会社支給額－控除額
↓

差引支給額
303,528

●給料計算の流れ

1、支給額の計算（各種手当と残業代の計算）

　会社支給額は、基本給＋各種手当（諸手当）で計算します。各種手当は、会社によって異なります。

　各種手当には、毎月同じ金額を支払う固定的給与と、残業（時間外労働）や休日労働があったときに支払われる変動的給与があります。変動的給与はタイムカードを見ながら実際の労働時間を計算し、必要な額を算出します。

諸手当

固定的給与（原則として毎月同じ金額）	役職手当	部長手当、課長手当、主任手当など
	資格手当	資格を保有する人に支給
	家族手当	子供など扶養家族の人数によって支給されるもの
	住宅手当	住宅に関する補助。家賃等
	通勤手当	通勤にかかる費用
変動的給与（出退勤状況により変動）	時間外労働手当	残業代（法定労働時間を超える場合2割5分以上の割増）
	休日労働手当	休日出勤をしたときの手当（3割5分以上の割増）
	深夜労働手当	深夜労働をしたときの手当（2割5分以上の割増）
	精皆勤手当	一定期間、欠勤しなかったときに支給される手当

基本給は、年齢や職種などを考慮して決められた基本的な賃金のことです。昇給・賞与・退職金の計算の際のベースとなります。

・**給料から控除される額を計算・差引支給額を計算**

　給料から天引きされるものには、大きく分けると２種類あります。**「法定控除」**と**「その他の控除」**です。

　法定控除とは、「税金」や「社会保険料」など、法律でこれだけは天引きするよう定められたものです。一方、その他の控除とは、「財形年金」「生命保険料」など、各企業で独自に定めたものがあります。

　これらを「会社支給額」から差し引きます。

給料から控除されるもの

法定控除	税金	所得税	課税総所得(収入から扶養家族の人数等によって異なる各種の控除を引いた後の額)に対して、10～50％の税率でかかる
		住民税	都道府県民税＋市町村民税。前年の所得に対して支払う
	社会保険料	健康保険	会社と折半し、負担するのが原則
		厚生年金保険	会社と折半し、負担するのが原則
		雇用保険	労働者と会社で、決められた割合をそれぞれ負担して支払うのが原則
その他の控除			労働組合費、寮費・社宅費、共済会費、持株会積立金、貸付金返済、財形貯蓄、財形年金、生命保険料、損害保険料、共済年金、旅行積立金など。しかし、控除に当たっては労使協定や個人の了解が必要です

※なお、月給から控除される所得税は、昨年の年収から予想される金額をもとに決まり、年末に実際の年収をもとに再計算して調整します。これを年末調整といいます（144ページ参照）

2、給料明細の作成

各社員の支給額が出たら、給料明細を作成しましょう。

給与計算ソフトや表計算ソフトを使っている場合は、各従業員の基本給、諸手当、出勤や残業（出退勤）の状況を入力すれば、自動的に差引支給額が計算され、給料明細も作成できます。

3、給料の支払い

銀行振込みの場合、銀行振込依頼書をつくり、事前（4営業日前）に銀行に持ちこみます。銀行振込依頼書は、銀行にありますので、それに必要事項を記入して作成します。給料を現金で支払っている場合、給料袋に現金を詰める作業がありますので、それを見込んだスケジュールとしましょう。

●給料の仕訳

給料計算をしたら、仕訳をきります。

通常の入金・出金の場合は、そのつど入金伝票や出金伝票を切れば、一連の取引の記録は終了します。一方、給料の場合、①給料計算日、②給料支給日、③社会保険料・所得税納付日、と3回仕訳をきる必要があります。慣れないとミスをしやすいので注意してください。

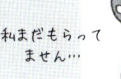

《1回目 給料計算日》

会社支給額（給料＋各種手当）－各種控除額＝差引支給額として、仕訳をきります。各種控除額は、税務署等に支払うまで、会社が預かっている金額なので、「**預り金**」の勘定科目に入れます。また、支給額は、この時点ではまだ支払われていませんので、勘定科目は「**未払金**」を用います。

> 最後に、会社支給額＝未払金＋預り金の額になるか確認！

（借方）		（貸方）	
給与（会社支給額）	198,000	未払金（差引支給額）	194,500
		預り金（社会保険料）	2,000
		預り金（所得税）	1,000
		預り金（住民税）	500

※給料は、勘定科目では「給与」となります

《2回目 給料支給日》

支給額を仕訳します。相手勘定科目は普通預金や現金です。

（借方）		（貸方）	
未払金（支給額）	194,500	普通預金	194,500

《3回目 社会保険料・所得税納付日》

社会保険料、所得税等を仕訳します。

> 支払いもれ、支払い不足はない？

（借方）		（貸方）	
預り金（社会保険料）	2,000	普通預金	3,500
預り金（所得税）	1,000		
預り金（住民税）	500		

私まだもらってません…

第4章 毎月の経理の仕事

●仕入をしたときの経理と事務処理の流れ

　月末になると、仕入担当者等から、その月の仕入データや請求書を受け取ります。このとき経理では、仕入データや請求書をもとに、支払い業務を進めます。

　仕入のときの作業の流れは、次のようになります。
1、検品・検収
2、仕訳、元帳への転記
3、請求書の受領と支払金額の振込み

1、検品・検収

　仕入れた商品が注文どおりに発送されてきたか確認する作業を検品といいます。この作業は、仕入担当者が行なうのが一般的ですが、会社によっては経理・総務が担当している会社もあります。

　注文した物品が送られてきたとき、物品と同送されてくる納品書と、送られてきた商品の内容・数量等を確認します。仕入先は、注文どおり物品を送っているつもりでも、品違い、数量違いということもあります。間違いがあれば先方に連絡します。

納品書はこんなところをチェック

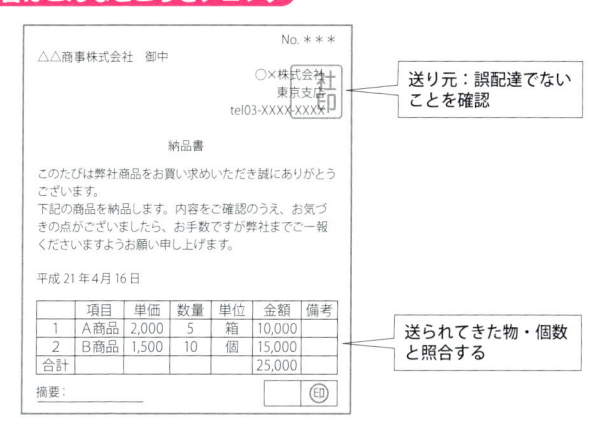

```
                                    No. ＊＊＊
△△商事株式会社　御中
                          ○×株式会社
                            東京支店      [印]
                          tel03-XXXX-XXXX

                  納品書

このたびは弊社商品をお買い求めいただき誠にありがとう
ございます。
下記の商品を納品します。内容をご確認のうえ、お気づ
きの点がございましたら、お手数ですが弊社までご一報
くださいますようお願い申し上げます。

平成 21 年 4 月 16 日

    項目    単価   数量  単位  金額    備考
 1  A商品  2,000    5    箱   10,000
 2  B商品  1,500   10    個   15,000
 合計                         25,000
摘要：                              (印)
```

- 送り元：誤配達でないことを確認
- 送られてきた物・個数と照合する

【仕入日をいつにするか】

仕入日は、商品が会社に届いた日に決まっていると考えがちですが、いつの時点を仕入日とするかの基準（これを**「仕入基準」**といいます）は、会社によって異なります。多くの会社が、商品の検品・検収をしたときに計上する検収基準をとっていますが、自社の基準はどうなっているのか先輩や上司に聞いてみましょう。

種類	特徴
出荷基準	売主が出荷したときに仕入を計上する
受取基準	商品を受け取ったときに仕入を計上する
検収基準	商品を検品・検収したときに仕入を計上する
支払基準	代金を支払ったときに仕入を計上する

仕入日の基準あれこれ

出荷基準　出荷　⇒　**受取基準**　受け取る　⇒　**検収基準**　検品・検収　⇒　**支払基準**　支払い

仕入日が変わると計上のタイミングが変わってくる

第 4 章　毎月の経理の仕事

2、仕訳・元帳への転記

仕入先から商品等を購入したら、仕訳をきります。
例をあげて説明しましょう。
4月30日付で、B商店からストラップ200本を100,000円で仕入れ、1か月後に支払うとします（税抜処理とします）。

①仕入の仕訳
まず、次のいずれかの仕訳をきります。
（税抜処理の場合）

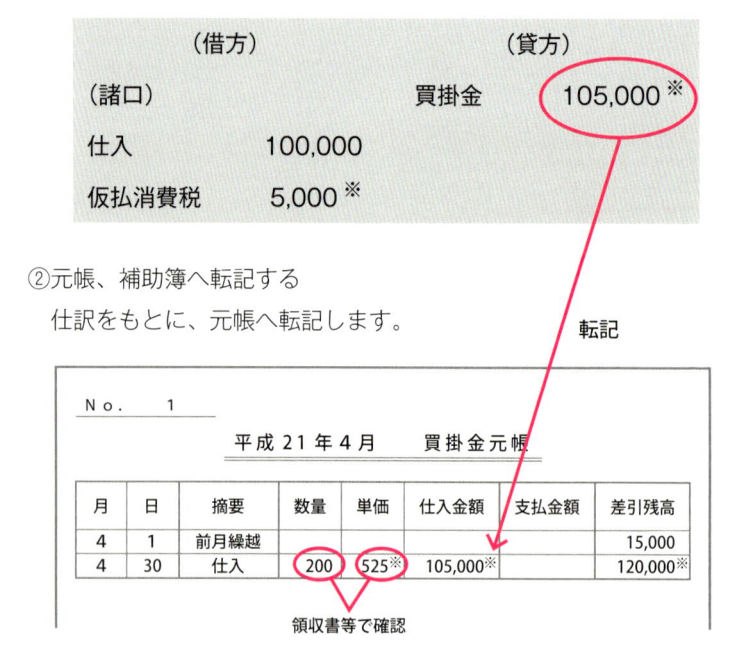

	（借方）		（貸方）
（諸口）		買掛金	105,000※
仕入	100,000		
仮払消費税	5,000※		

②元帳、補助簿へ転記する
仕訳をもとに、元帳へ転記します。

No. 1

平成21年4月　買掛金元帳

月	日	摘要	数量	単価	仕入金額	支払金額	差引残高
4	1	前月繰越					15,000
4	30	仕入	200	525※	105,000※		120,000※

領収書等で確認

会社がパソコン会計を採用している場合には、①の仕訳をきると、②の転記はパソコンが自動で処理してくれます。

※ 2014年4月1日以降は、買掛金108,000、仮払消費税8,000、単価540、仕入金額108,000、差引残高123,000

3、請求書の受領と支払金額の振込み

仕入データや請求書がまわってきたら、それをもとに支払い業務を行ないます。

仕入担当者から、請求書を受け取ったら、①支払日、②請求額、③振込先の記載があるか、④内容が間違っていないかを確認し、支払日に指定口座に振り込みます。

仕入れ先等から、直接経理担当者向けに請求書が送られてくることもあります。

このとき、仕入先が送ってきた請求書が誤っていることもあるので、社内の担当者から受け取った場合と同様、チェックが必要です。間違いや疑問があったら、社内の担当者に依頼して、先方に確認してもらうようにしましょう。

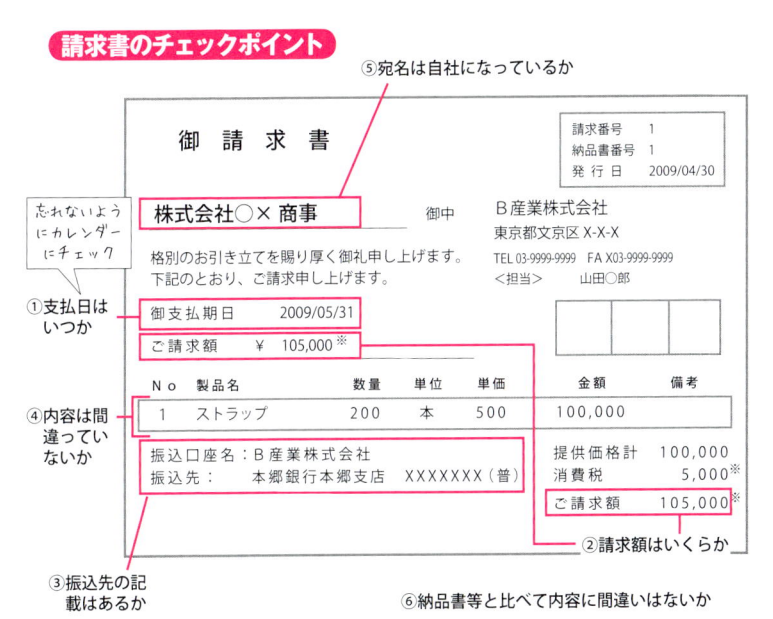

請求書のチェックポイント

⑤宛名は自社になっているか

御 請 求 書

請求番号	1
納品書番号	1
発 行 日	2009/04/30

株式会社〇×商事 御中

B産業株式会社
東京都文京区 X-X-X
TEL 03-9999-9999　FAX 03-9999-9999
＜担当＞　　山田〇郎

格別のお引き立てを賜り厚く御礼申し上げます。
下記のとおり、ご請求申し上げます。

御支払期日　　2009/05/31

ご請求額　¥　105,000※

No	製品名	数量	単位	単価	金額	備考
1	ストラップ	200	本	500	100,000	

振込口座名：B産業株式会社
振込先：　　本郷銀行本郷支店　　XXXXXXX（普）

提供価格計　　100,000
消費税　　　　　5,000※
ご請求額　　　105,000※

忘れないようにカレンダーにチェック

①支払日はいつか

④内容は間違っていないか

③振込先の記載はあるか

②請求額はいくらか

⑥納品書等と比べて内容に違いはないか

※ 2014年4月1日以降は、ご請求額 108,000、消費税 8,000

●請求書業務を効率的に行なう方法

　請求書は取引があるつど送られてきます。しかし、そのたびに、請求書のチェックをしていては、時間がかかります。
　そこで、次のようにすると、効率的にチェックできます。

①送られてきた請求書・見積書・納品書等は、封筒やファイルに入れていったん保管

受け取ったら封筒などにどんどん入れていく

②請求締め日1週間前に封筒から請求書を取り出し、見積書、納品書とチェックし、請求金額が正しいかどうか確認する

金額や内容が間違ってないかチェック

③請求書に支払予定日をメモする

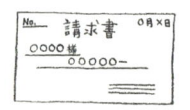

カレンダーにも書いて忘れないように

④支払済みの請求書は支払済印を押して請求書つづりにファイル

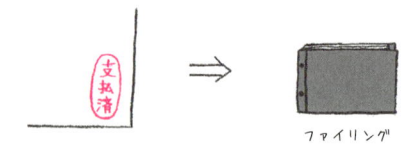

ファイリング

第5章

年に1回の仕事

●経理担当者の年間スケジュール

経理の仕事を1年単位で見てみると、忙しいときと比較的ヒマなときがあります。決算時(決算日＋その後1〜2か月)、12月は忙しいですが、7月・8月は比較的ヒマです。

1年間の仕事スケジュール

	4月	5月	6月	7月	8月	9月
	←ピーク→					←
行なう仕事	決算作業(決算整理と試算表作成)	計算書類の作成、税務申告 税金です	遊びにいくなら今のうち!!			中間決算月(中間決算準備、棚卸)
仕事のリスト	・当座預金や普通預金の記帳 ・残高証明書の入手 ・仮払金・仮受金の整理 ・経過勘定項目の計上 ・在庫の確認 ・減価償却費の計上	・貸借対照表と損益計算書を作成 ・税理士に税務申告書作成依頼 ・納税				・当座預金や普通預金の記帳 ・残高証明書の入手 ・仮払金・仮受金の整理 ・経過勘定項目の計上 ・在庫の確認 ・減価償却費の計上
あなたの会社では？						

※( )は行なわない会社もあります

下図は、典型的な1年のスケジュール（3月決算・9月中間決算の会社の例）です。仕事の流れのおおよその目安にしてください。

10月 ピーク	11月	12月	1月	2月	3月 ピーク
（中間決算作業、中間納付）	年末調整の準備	年末調整 給料にかかる税金を正しく計算します	法定調書の提出		決算準備、棚卸
・貸借対照表と損益計算書を作成 ・納税	必要な書類を税務署に取りにいく	・「給与所得者の扶養控除等（異動）申告書」の提出依頼 ・「給与所得者の保険料控除申告書 兼 配偶者特別控除申告書」の提出依頼 ・各種控除の計算 ・還付額の計算・還付			・各部署へ、請求書・領収書の未提出がないよう依頼 ・棚卸明細表の作成

第5章 年に1回の仕事

●年末調整

　給料には、所得税がかかります（これを**源泉徴収**といいます）。実は、これは1年前にもらった給料の額から概算した税額なのです。

　給料にかかる所得税は、1年間の給料の額（**給与所得**といいます）をもとに計算しますが、それだと、まだもらっていない給料の分が計算できないことになってしまいます。そこで、前年の給料からその年の給料の額を予測して、毎月支払う税金の額を決めてしまうのです。

　しかし、これでは急に年収が下がったりすると、本来、その年に支払うべき金額以上の税金を支払うことになります。そこで、毎年12月の給料計算で、その年の本来の年間（1月1日から12月31日まで）の給与所得に対してあらためて税金を計算し直します。これが**年末調整**です。年末調整の流れは次ページの図のようになります。

〈年末調整〉

前年　収入300万円　　　前年の収入をもとに税金を計算すると、
　　　↓　　　　　　　　税金を払い過ぎになる！
今年　収入100万円　　　　　↓
　　　　　　　　　　　　これを調整するのが、年末調整

ただし、次の人は自分で確定申告をする必要があります

会社で年末調整をしない

1、年収2,000万円以上の人

会社で年末調整をしたうえ、必要な控除を各自で行なう

2、10万円以上の医療費がかかっていて、医療費控除を受ける人

3、住宅ローン控除をはじめて受ける人

など

年末調整の流れ

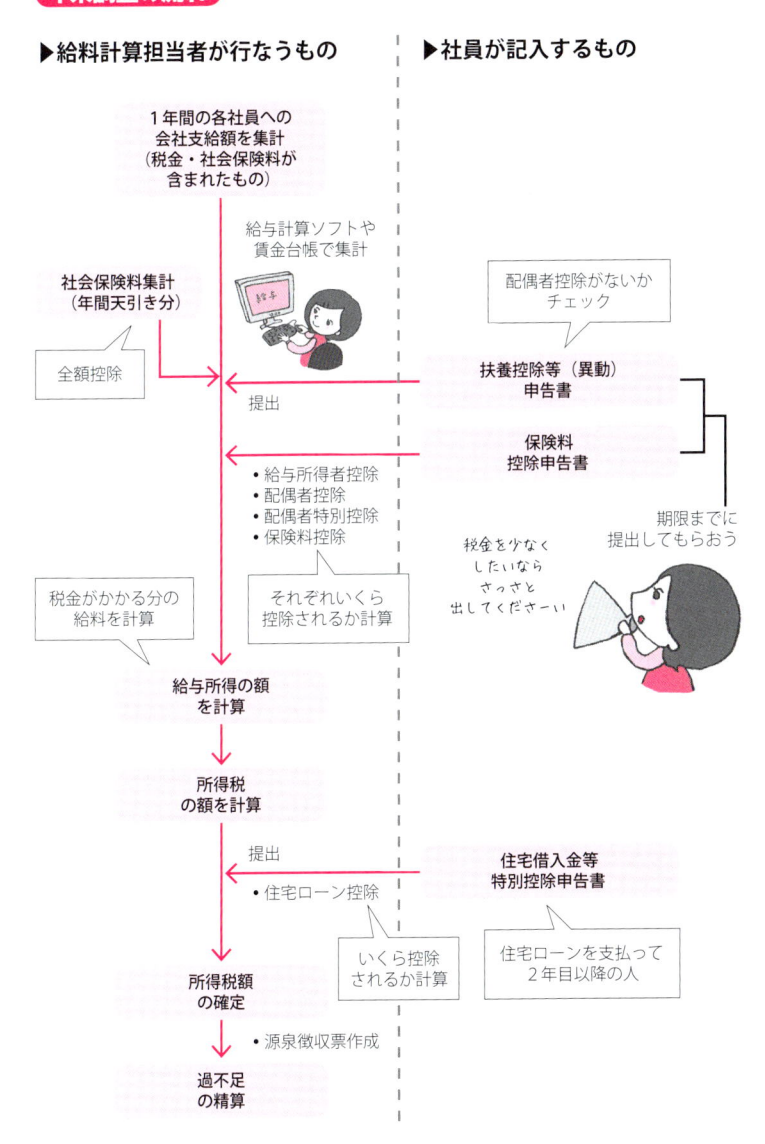

▶給料計算担当者が行なうもの

1年間の各社員への会社支給額を集計
（税金・社会保険料が含まれたもの）

給与計算ソフトや賃金台帳で集計

社会保険料集計
（年間天引き分）

全額控除

提出

- 給与所得者控除
- 配偶者控除
- 配偶者特別控除
- 保険料控除

税金がかかる分の給料を計算

それぞれいくら控除されるか計算

給与所得の額を計算

所得税の額を計算

提出

- 住宅ローン控除

いくら控除されるか計算

所得税額の確定

- 源泉徴収票作成

過不足の精算

▶社員が記入するもの

配偶者控除がないかチェック

扶養控除等（異動）申告書

保険料控除申告書

期限までに提出してもらおう

税金を少なくしたいならさっさと出してくださーい

住宅借入金等特別控除申告書

住宅ローンを支払って2年目以降の人

第5章 年に1回の仕事

●年末調整の準備　→　11月中に行なおう！

必要な用紙を準備する

年末調整をするときには、次の書類を用意しましょう。

〈源泉徴収の作業で必要なもの〉

- 「源泉徴収簿」、「給与所得控除後の給与等の金額の表」、「扶養者等の控除額の合計額早見表」、「年末調整のための所得税の速算表」

〈社員に配布するもの〉

- 「給与所得者の扶養控除等（異動）申告書」、「給与所得者の保険料控除申告書兼配偶者特別控除申告書」

これらは、11月頃から所轄の税務署で配布されますので、取りにいきます。社員に配布する際には、書き方（税務署でもらうパンフレットのコピー）や、提出期限を添えましょう。

- 「給与所得者の扶養控除等（異動）申告書」

控除対象配偶者や扶養親族等がいる場合は、この扶養控除等申告書に必ず、必要事項を記載してもらいます。この提出がないと、扶養控除を受けられません。

- 「給与所得者の保険料控除申告書兼配偶者特別控除申告書」

生命保険料、地震保険料、小規模企業共済等掛金等を支払った場合に、提出してもらいます。国民健康保険料以外の保険・共済については、社員あてに各保険会社から送付される控除証明書の原本を添付してもらう必要があります。

- 「住宅借入金等特別控除申告書」

住宅ローンを支払っている人には、税務署から「給与所得者の住宅借入金等特別控除申告書」や「年末調整のための住宅借入金等特別控

◎「給与所得者の扶養控除等（異動）申告書」

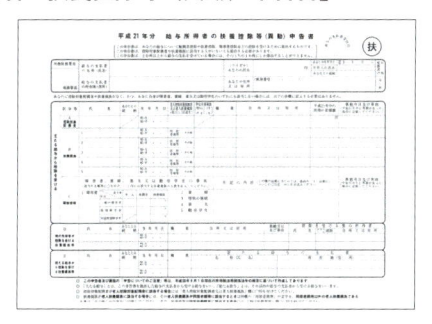

◎「給与所得者の保険料控除申告書兼配偶者特別控除申告書」

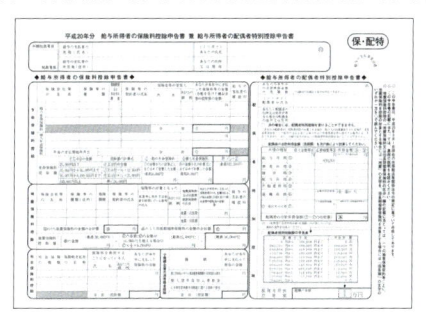

除証明書」が、各金融機関から「住宅取得資金に係る借入金の年末残高等証明書」が社員あてに送付されてきますので、これを提出してもらいます。この用紙については会社で用意するものではありませんので、覚えておいてください。

説明会に参加する

　控除額が変更になるなど、税制改正で年末調整の仕方が変わることがあります。税務署で開催される年末調整の説明会に出席したり、顧問税理士に聞いておきましょう。

●年末調整の計算をする

さて、資料が集まったら早速、税額を計算しましょう。各社員の税金がかかる給料の額（給与所得）を計算することから始めます。

・給与所得＝年間の給料の額
　　　　　　　　　― 控除額（給与所得控除額＋各種の控除額）

1年間の給与所得額の計算

給与計算ソフト、賃金台帳を見て、社員個々に対して1年間に支払った給料の額（会社支給額）を集計します。

控除額を計算する

たとえば、独身者と子だくさんの人では、生活の余裕は異なります。税金を減らすことで生活を支援しようというのが**「各種控除」**です。

主な各種控除は、右ページ図のようになります。この各種控除は、税制改正で変わる可能性があるので、税務署から送られてくるパンフレットを見て、内容をチェックしましょう。

また、会社員には、**「給与所得控除」**というものもあります。これは、会社員が仕事をするのに必要な経費として、控除されるものです。個人事業主はその事業に必要な人件費や、キャリアアップのための研修会受講費用などが経費とできますが、それに対応するものです。

なんで控除するの

本当にお給料を減らさないでね

もともとの給料を少なく見積もって計算すれば、税金も低くなるってことなのよ

各種控除

控除の種類	控除の条件	控除額
社会保険料控除	社会保険料を支払った場合	支払った額全額（会社が集計する）
生命保険料控除	生命保険料または個人年金保険料を支払った場合	最高 5 万円
障害者控除	本人、または家族が障害者である場合	27 万円 / 人（障害者手帳 2 級以上等の同居特別障害者 75 万円）
寡婦（寡夫）控除	本人が 65 歳未満で、配偶者と死別または離婚等している場合	27 万円（特定の寡婦 35 万円）
勤労学生控除	働いている本人が学生である場合	27 万円 / 人
配偶者控除	年収 103 万円以下の控除対象配偶者がいる場合	38 万円
配偶者特別控除	年収 103 万円超 141 万円以下の控除対象配偶者がいる場合	最高 38 万円
扶養控除	扶養親族がいる場合	38 万円 / 人（同居老親等 58 万円、同居老親等以外の老人扶養親族 48 万円）
基礎控除	すべての人	38 万円

給与所得控除の額

給与等の収入金額 (給与所得の源泉徴収票の支払金額)		給与所得控除額
	180 万円以下	収入金額× 40% 65 万円に満たない場合には 65 万円
180 万円超	360 万円以下	収入金額× 30% ＋ 18 万円
360 万円超	660 万円以下	収入金額× 20% ＋ 54 万円
660 万円超	1,000 万円以下	収入金額× 10% ＋ 120 万円
	1,000 万円超	収入金額× 5% ＋ 170 万円

※給与等の収入金額が 1,500 万円超の場合、245 万円が上限

税率を確認し、所得税の額を計算

給与所得額に、税率をかけて税金の額を計算します。税率は、給与所得の額に応じて決まりますので、税率表を見て確認しましょう。

〈税率表〉

課税される所得金額（円）		税率（％）	控除額（円）
超	以下		
	195万円	5	0
195万円	330万円	10	97,500円
330万円	695万円	20	427,500円
695万円	900万円	23	636,000円
900万円	1,800万円	33	1,536,000円

◎例　Aさんの例で計算してみよう！

給与所得額＝400万円　奥さんと2人暮らし
年間社会保険料　125,000円

〈控除額〉　合計　227万5,000円

- 社会保険料控除＝125,000円（全額が控除）
- 生命保険料控除　5万円
- 配偶者控除　奥さん1人　➡　基礎控除38万円＋配偶者控除38万円＝76万円
- 給与所得控除（149ページの表にあてはめて計算）
  ＝400万円×20％＋54万円＝134万円

私がいると結構有利ね

〈給与所得額〉

400万円－控除額（227万5,000円）＝172万5,000円

〈税率と税額〉

給与所得額が172万5,000円の場合＝税率5％

172万5,000円×税率5％＝8万6,250円（100円未満切捨て）

→8万6,200円

●源泉徴収票の作成

年末調整が終わったら、各人の**源泉徴収票**を作成します。源泉徴収票は、会社が社員に給料・賞与・退職金を支給した際に、それを証明するための書面です。

源泉徴収票は、通常、役員の場合は4枚、社員の場合は3枚作成します。1枚は本人に交付し、2枚は市区町村に提出します。一定の役員等（その年中の給与等の金額が150万円を超える役員および500万円を超える社員）については、源泉徴収票1枚を所轄税務署に送付します。

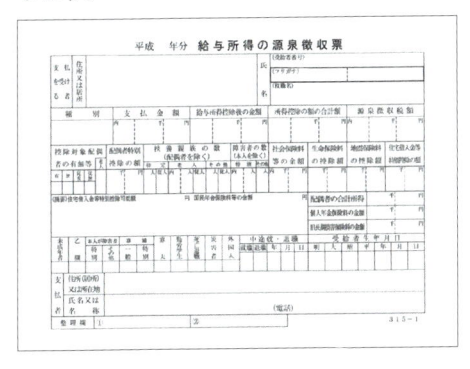

退職者が出たときもつくります

源泉徴収票も忘れずに

ありがとうございました

過不足の精算と給料明細への表示

実際に必要な税金の額と、すでに支払われている税金の額に差があったら、それを調整します。

差額は12月の給料と一緒に振り込んだり、12月の給料から差し引くなどして調整します。この調整分も必ず給料明細に加えてください。

厚生年金	社会保険料調整額	所得税
28,492	0	4,400
年末調整		
26,900		

●法定調書の作成

法定調書(ほうていちょうしょ)は、会社が支払った給料等の内容を記載したもので、税務署に提出することが義務づけられている書類のことです。

この法定調書によって、税務署はみなさんの給料の額や資産等の状況を正確に把握することができます。

毎年1月31日までに、年末調整の際に計算した給与所得の金額を記入した「給与所得の源泉徴収票等の法定調書合計表」を所轄税務署に提出します。このとき、一定の役員等については、源泉徴収票を添付します。

会社によっては、税理士に作成を依頼しているところもあるので、自分の会社はどうしているのか先輩や上司に聞いてみましょう。

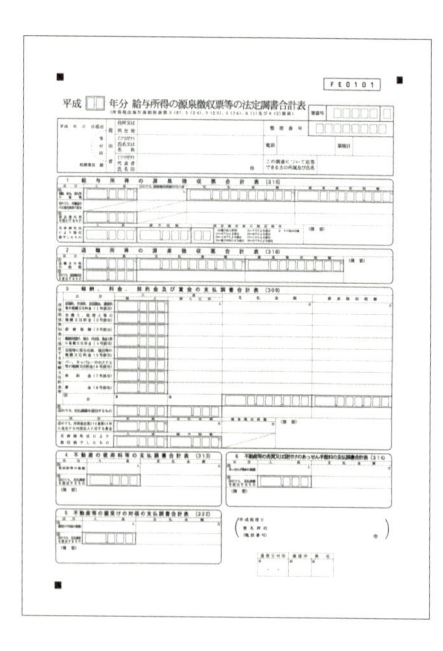

1/31日までに提出してね

▶パソコンを使っての作業の流れ

1、各人別に控除額などを入力
2、税額が算出される
3、源泉徴収票・支払調書(法定調書の一部)が自動的に作成される

法定調書も源泉徴収票も
給与計算ソフトや
年末調整ソフトがあれば簡単!

●決算事務の流れ

　決算は、1年間の会社の成績を示すもの。いくらお金を使って、いくら儲かったかを「貸借対照表」や「損益計算書」と呼ばれる決算書にまとめます。会社の状況を知るために重要なものです。

決算事務の流れ

1か月の取引をまとめた後、正確かどうかを確認

決算ならではの処理をしたうえで利益を確定

- 1日の仕事　第3章　→　**日々の取引の仕訳**　伝票
- 月次決算　第4章　→　**試算表の作成**　試算表　省略する会社や、より細かい資料を作成する会社もあり、会社によって異なる
- 年次決算　第5章　→　**決算整理事項**　棚卸、前払費用・未払費用・未収金・未払金等の計上、減価償却費の計上等
- → **決算の確定　数字のチェック　決算書作成**　上司や先輩と相談しながら進めてね
- → **税金の計算**　税理士に依頼します
- → **納　税**

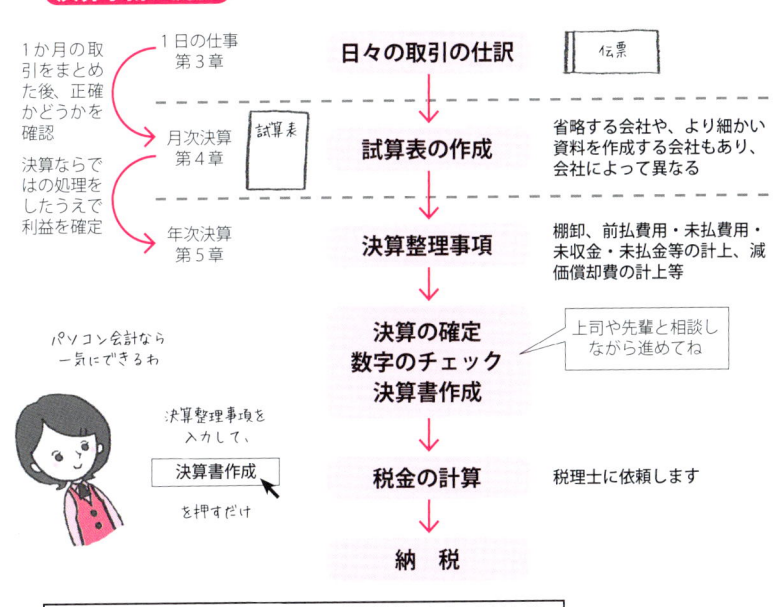

パソコン会計なら一気にできるわ

決算整理事項を入力して、「決算書作成」を押すだけ

31ページの勘定科目のところで日々の仕訳を棚にしまったけれど、あれが決算書というわけです

資産	負債
	純資産
	収益
費用	

BS = 貸借対照表　＝主に会社の資産と借金を示します

PL = 損益計算書　＝主に会社の売上や使った費用を示します

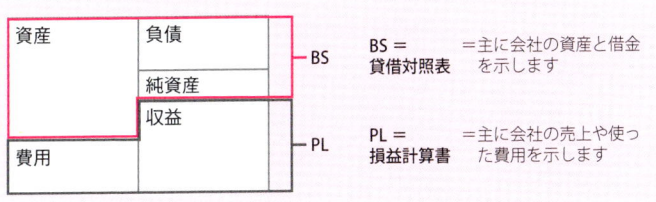

第5章　年に1回の仕事

●決算で行なう仕事（決算準備）

　毎月、月次決算を行なう企業もありますが、年に一度の決算では、通常とは違った処理が必要です。

　決算月は、日常の業務をこなしながら、決算の仕事もするので、バタバタとしがちです。先に流れを頭に入れておき、必要なものを準備して、段取りよく行ないましょう。

　決算のときに行なう仕事には次のようなものがあります。

じっちたなおろし
実地棚卸

　第4章でもお話しした棚卸は、年度末にも行ないます。工場や店舗などの現場（実地）で棚卸をして在庫の数を調べ、棚卸明細表を作成します。本来なら、帳簿の在庫の数字と実際の数字は合っているはずですが、盗難や紛失、記帳ミスなどで一致しなくなってしまう可能性があるため、最後にまた確認するのです。

前払費用・未払費用・未収金・未払金の確認

　今月支払ったり、取引をしたものでも、今期の決算に入れてはいけない取引があります。

　たとえば、家賃。3月期末の会社で4月分の家賃を3月に支払った場合、支払ったのは3月でも実際に使うのは4月分ですから、今期の決算に入れてはいけません。第4章でも経過勘定項目として紹介しましたが、「前払費用」として仕訳だけきり、来期の費用として処理することになります。逆に、「20日締め来月10日払い」などで取引をしている場合は、すでに購入しているにもかかわらず、お金だけは来期に支払うことになります。その際は、「未払費用」として今期の決算に入れます。

　ややこしいので、先に請求書・領収書等をチェックしてリストアッ

プしておくとよいでしょう。

棚卸明細表

棚卸明細表は、棚卸の際に使います。品番・品名、個数、単価などを、棚卸しながら記録し、後で帳簿の数字とつきあわせをします。

棚卸明細表					No. 2009年 3月 20日現在	
品番・品名	数量	単価	単位	価格	備考
AY 1	64	500	個	32,000	
AY 3	36	400	個	14,400	
小　　　　計					

担当者	備考				

前払費用・未払費用・未収金・未払金の確認

＜今期の費用・収益にならないもの＞

	意味	今期の仕訳	来期の仕訳
前払費用	来期経費（家賃など）になるものを今期支払った	前払費用／家賃	家賃／前払費用
前受収益	来期収益（家賃収入など）になるものを今期受け取った	家賃収入／前受収益	前受収益／家賃収入

＜今期の費用・収益になるもの＞

	意味	今期の仕訳	来期の仕訳
未払費用	今期経費（家賃など）になるが、代金未決済のもの	家賃／未払費用	未払費用／家賃
未収収益	今期収益（家賃収入など）になるが、代金未回収のもの	未収収益／家賃収入	家賃収入／未収収益

第5章　年に1回の仕事

減価償却資産と固定資産の管理

決算期特有の処理としては、減価償却資産の計算があります。

減価償却資産について説明する前に、固定資産の管理について説明しておきましょう。

・固定資産の管理

会社にはパソコンや車、機械といった高価なものがたくさんあります。これらは資産になりますので、経理担当者としてしっかり管理しなくてはなりません。しかし、現場で壊れたからといって勝手に捨てられたり、知らないうちに新しいものが購入されているといったことがないとは限りません。

そこで**固定資産台帳**というものをつくり、決算時に、実際にある資産と、帳簿に付けられている資産が合っているかを確認します。

なお、固定資産台帳は、会社で継続的に使っているものがあります。そこに今年購入した固定資産や減価償却費を書き込んでいきます。この固定資産台帳があると、減価償却費の計算がラクにできます。

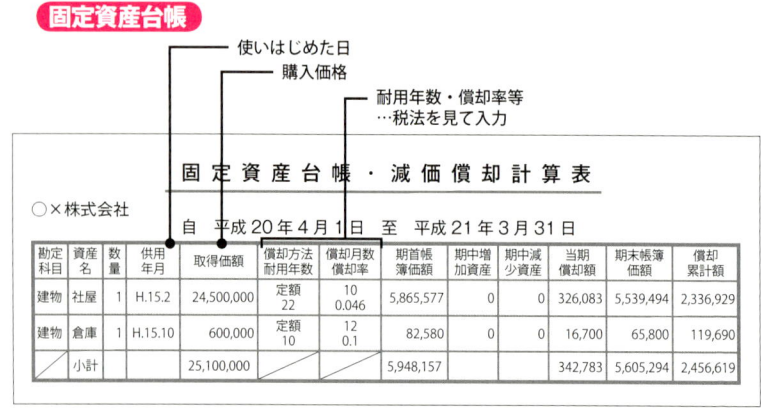

固定資産台帳

- 使いはじめた日
- 購入価格
- 耐用年数・償却率等 …税法を見て入力

固 定 資 産 台 帳 ・ 減 価 償 却 計 算 表

○×株式会社　　自　平成20年4月1日　至　平成21年3月31日

勘定科目	資産名	数量	供用年月	取得価額	償却方法 耐用年数	償却月数 償却率	期首帳簿価額	期中増加資産	期中減少資産	当期償却額	期末帳簿価額	償却累計額
建物	社屋	1	H.15.2	24,500,000	定額 22	10 0.046	5,865,577	0	0	326,083	5,539,494	2,336,929
建物	倉庫	1	H.15.10	600,000	定額 10	12 0.1	82,580	0	0	16,700	65,800	119,690
	小計			25,100,000			5,948,157			342,783	5,605,294	2,456,619

※**決算期には、この表のうち、売却したもの、除却（まだ手元にはあるが、使わないことにすること）したものがないかチェックし、今年の減価償却費を計算します**

・減価償却

　第3章でも説明しましたが、減価償却は、古くなって価値が減少した固定資産に対しては、帳簿上の価値も合わせて減らしていこうというものです。経理では、この減価を、減価償却費という経費で表現します。減価償却費の計算方法には、色々ありますが、定額法と定率法が一般的です。

◎定額法＝毎年同じ額の減価償却費を計上する方法

$$\frac{取得原価}{耐用年数} = 1年間の減価償却費$$

耐用年数は耐用年数表を見てね

例）

パソコンを10万円で購入 ＝ 取得原価

・耐用年数5年の場合

10万円 ÷ 5年 ＝ 2万円（減価償却費）

＜定額法のイメージ＞

毎年の減価償却費

2万 2万 2万 2万

ずっと同じ額

◎定率法＝帳簿価格に一定の償却率を乗じて、毎年の減価償却費を計算する方法

$$帳簿価格（取得原価－償却累計額）\times 定率法償却率 = 1年間の減価償却費$$

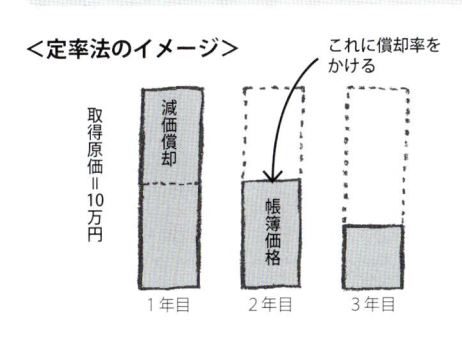

＜定率法のイメージ＞

これに償却率をかける

取得原価＝10万円

1年目：減価償却
2年目：帳簿価格
3年目

定額法は毎年同じだけ償却するけど、定率法は最初のほうが減価償却費は大きくなるよ

決算整理の仕訳

さて、決算特有の処理を行なったら、最後にそれらの仕訳を行ないましょう。

●棚卸と売上原価

第4章で、売上原価の計算をしました(114ページ参照)。年次決算でも同じことを行ないます。

〈仕訳〉期首在庫の金額が 25,000、期末在庫の金額 20,000
　　　　仕入 25,000 ／ 商品 25,000
　　　　商品 20,000 ／ 仕入 20,000

●固定資産の減価償却費の計上

「減価償却費」と「減価償却累計額」という科目を使います。

〈仕訳〉年間の減価償却費が 20,000
　　　　減価償却費 20,000 ／ 減価償却累計額 20,000

●収益・費用の見越・繰延

第4章で、経過勘定項目の経理処理のやり方を説明しましたが(110ページ参照)、年次決算でも同じことを行ないます(なお、収益については見越、費用については繰延という言葉を使います)。

〈仕訳〉支払手数料のうち、25,000 を先に支払う
　　　　前払費用　25,000 ／ 支払手数料 25,000

●現金過不足

また、毎日の現金出納で過不足があれば、一時的に「現金過不足」を使っていましたが、その原因がわからないままのときは、次のような仕訳をします。

〈仕訳〉現金が 100 円多かったが、その原因がいまだ不明
　　　　現金過不足 100 ／雑益 100
〈仕訳〉現金が 50 円足りなかったが、その原因がいまだ不明
　　　　雑損 50　／現金過不足 50

決算の内容チェック

ここまで来れば、決算に必要な数字は揃いました。

しかし、ここで再度間違いがないかチェックしてみましょう。

特に行なってほしいのは、実際の残高と帳簿上の残高の確認です。通帳に記帳し、事前に金融機関から残高証明書をもらって、その数字と帳簿の数字が合うかを再確認しましょう。その他、必要なチェック事項を下にまとめておきます。

決算の内容チェックポイント

勘定科目	チェック項目
現金	帳簿残高と金庫にある現金の残高が一致しているか
当座預金	帳簿残高が金融機関の残高証明書と一致しているか
普通預金	帳簿残高が金融機関の残高証明書と一致しているか
定期預金	帳簿残高が金融機関の残高証明書と一致しているか
棚卸資産	実地棚卸の計算・数量・単価は間違いないか
借入金	帳簿残高が金融機関の残高証明書と一致しているか
売掛金	売掛金台帳を見て、各得意先別の残高は正しいか
前払費用	翌期に繰り延べる費用を前払費用としたか
未収金	決算月の請求書を見て、もれがないか
未払金・未払費用	決算月の請求書を見て、もれがないか
仮払金	仮払金は適正な科目で計上されているか
固定資産	償却額は適正か（再計算して確認する）
固定資産売却益	処理は合っているか
敷金・保証金	契約書と照合して、処理が合っているか再計算する
買掛金	買掛金台帳を見て、各仕入先別の残高が正しいか
仮受金	仮受金のうち内容がわかるものはないか。わかれば振り替える
預り金	所得税や住民税、健康保険等の預り残高は適正か（預り金の明細をつくり、「預り過ぎ」がないか確認する）
売上高	特に決算日近辺の売上について、もれはないか。たとえば決算日の出荷を忘れていないか（営業等と連携して、決算日近辺の売上の情報を入手する）
仕入	特に決算日近辺の仕入についてもれはないか。たとえば決算日の入荷を忘れていないか（仕入担当者等と連携して、決算日近辺の仕入の情報を入手する）
給与手当	賃金台帳と元帳の合計額を確認
交際費	交際費に該当しないものが交際費として処理されていないか
雑収入	処理は合っているか

●納税

　確認が終わったら、試算表をつくりましょう。パソコン会計なら、必要な数字を入れればすぐできあがりますし、そうでない場合は、決算作業で出した必要な数字をまとめて作成します。そこで、再度計算を確認しましょう。

　すべての数字が確定したら、税理士に内容を確認してもらい、決算書（貸借対照表、損益計算書等）や税務申告書を作成します。これは税理士が行なったり、パソコンで行なうことが多いようです。

　この際、税理士にはいくら納税するのかも、教えてもらいましょう。当然ながら、税金は会社のお金で納めます。預金通帳を見て、その金額が支払えるかどうか早めに確認しましょう。もし足りなければ、借入れをするなど何らかの対策をとらねばなりませんので、上司に早めに相談します。

　税金は税務署でも支払えますが、多額になるので、銀行振替やネットバンキングを用いるのが一般的です。税務署で直接納税する場合や銀行振替の場合には、専用の納付書があるのでこれを利用します。

　決算月から2か月以内に、確定した決算に基づいて、法人税の確定申告書を税務署に提出して、終了です。

税額がわかったら早めに通帳を確認！	納税は銀行振替やネットバンキングが便利

納付忘れがあった！　提出書類を間違えた！　提出が遅くなった！

　経理の仕事で、①税務申告書を期日までに提出し忘れた、②納付忘れをした、というミスは絶対に許されません。

　というのも、①税務申告書の提出忘れは無申告加算税、②の納付忘れについては延滞税等のペナルティが課せられるからです。

　これらのミスをしないように、税理士に「税務申告書の最終提出日はいつなのか、納付期限日はいつなのか」を確認して、カレンダーに税務申告書の最終提出日、納付期限日を記入しておきましょう。

納付忘れなどがあると…

納付を忘れた！

延滞税
2か月以内は税額の 4.5%、それ以降は 14.6%。
その他、不納付加算税もかかる

提出を忘れた

無申告加算税
税金の 50 万円までの 15%、それを超える分の 20% がペナルティでとられる

▶**忘れないためには…**
カレンダーに必ず書き入れる！

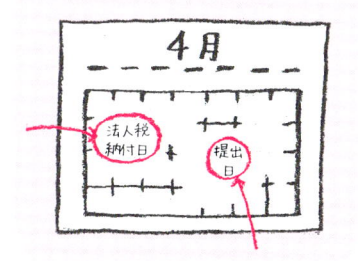

●税務調査

年に一度ではないですが、突然来られてバタバタするのが、税務調査です。これは、税務署の調査官が会社に実際に訪問して、「正しい申告と納税が行なわれているかどうか」を調査するものです。

税務調査が入る場合は、事前に税務署から連絡が入ります。調査のときには、税務調査官と議論になることもありますので、上司と相談のうえ、税理士に連絡して立ち会ってもらうようにしましょう。

調査に当たって準備したいものを下にまとめました。調査は、3～5年さかのぼって調べられますので、それを考慮して準備しましょう。

税務調査で準備しておきたい書類など

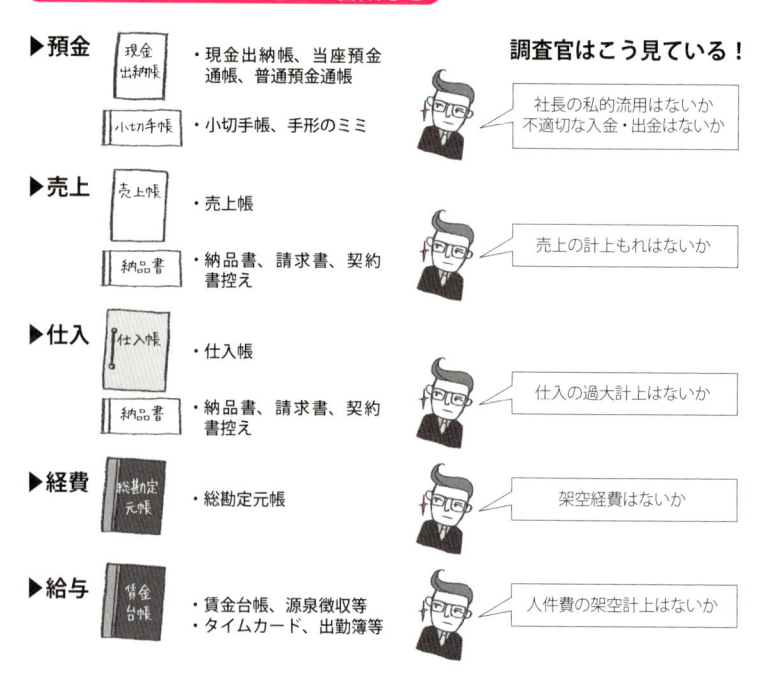

▶預金
- 現金出納帳、当座預金通帳、普通預金通帳
- 小切手帳、手形のミミ

調査官はこう見ている！
社長の私的流用はないか
不適切な入金・出金はないか

▶売上
- 売上帳
- 納品書、請求書、契約書控え

売上の計上もれはないか

▶仕入
- 仕入帳
- 納品書、請求書、契約書控え

仕入の過大計上はないか

▶経費
- 総勘定元帳

架空経費はないか

▶給与
- 賃金台帳、源泉徴収等
- タイムカード、出勤簿等

人件費の架空計上はないか

第 6 章

頼られる・好かれる
経理になるために

●経理はコミュニケーションが大事

　経理は、大切なお金を預かっているせいか、他の部署の人から近寄りにくいというイメージを持たれがちです。

　しかし、このようなことはあまり好ましくありません。他部署の人がお金について相談できなくなっては困りますし、経理担当者自身も他部署の情報をキャッチできません。

　頼られる・好かれる経理担当者になるためには、先輩・上司・他部署としっかりコミュニケーションをとることが大事です。

お金を扱う部署だからこそ、「報連相」を大事に

　経理は「報連相」が大事です。「報連相」とは、「報告・連絡・相談」のことです。これはすべての仕事において大切なことですが、特にお金を扱う経理では、「報連相」をしっかり行ないましょう。

　自分1人で仕事をしていると、思い違いやミスに気がつかないことがあります。上司や先輩に、仕事の進み具合や結果を報告・連絡し、チェックしてもらいながら進めてください。

　また、報告はよいことだけでなく、ミスについても行ないます。特に経理は代金や給料の支払日、売掛金の回収日など締切りが多い仕事です。万一、期限内に終わりそうになかったり、ミスやトラブルが生じたときなどは、早急に対策を立てなければならないこともあります。そのためにも早め早めに報告し、次の指示を仰ぎます。

こんなときに報告を

①指示された仕事が終わったとき

預金残高の確認が終わりました！
残高は合っています

②長期の仕事の進行状況の中間報告

月次決算の途中経過ですが、売掛金残高が合いません

③予定どおりに仕事が進んでいないとき

売掛金の資料が来ないので、決算のスケジュールに遅れが出てしまいそうです

④新しい情報を入手したとき

大変です！
取引先のA社が倒産しました

⑤ミスをしたとき

すみません。1桁写し間違えました…

100万 → 1,000万！

第6章 頼られる・好かれる経理になるために

先輩・上司とのコミュニケーション

　先輩は仕事を教えてもらったり、困ったときに相談にのってもらえる身近な存在です。なかには、年齢が近い先輩もいるかもしれませんが、タメ口で接してはいけません。「マジっすか」とか「チョー、すごい」などの言葉は、相手に「学生気分が抜けていないな」と思われてしまいます。丁寧な言葉で、礼儀正しく接しましょう。

　上司はあなたと年齢も離れていて、話しづらいかもしれません。しかし、あなたの仕事の面倒をみてくれる存在でもあるので、うまくコミュニケーションをとる必要があります。
　特に、上司から注意されたり指示を受けるときは注意が必要です。注意されたときには、何がいけなかったのかをきちんと確認して、「今後気をつけます」と返事をすることが大切です。
　また、上司に呼ばれたらすぐに、メモを持ってそばにいき、言われたことをメモします（そのときは覚えていても、忙しさのなかで、ふと忘れてしまうものなのです）。指示を受けたら「承知しました。○時までにやっておきます」と復唱します。

●ベテラン担当者は、先回りして仕事をしている！

　「総務、経理事務の仕事は、他人から頼られるようにならないとダメ」といわれています。
　ベテランの経理担当者は、他部署の人が困ったときにアドバイスしたり、いつも一歩先を読んで行動しています。たとえば、営業担当者が「A社の資金繰りがおかしくなっている」と話しているのを聞いたら、A社の売掛金が今いくらで、今後回収できそうなのかを分析して、上司と相談し営業担当者に伝えます。頼まれる前に先回りして仕事をするのが、できる経理担当者になるコツです。

●偉い人の書類のミスを見つけたとき

　経理担当者の方から、「偉い人が持ってくる請求書にミスがあると、注意しづらい」と相談されることがあります。確かに、偉い人のミスを指摘すると、「うるさいやつだ」と思われるのではないかと心配してしまうかもしれません。

　しかし、経理から見ると、偉い人が提出した請求書といえども、ミスがあるまま受け取ることはできません。修正してもらう必要があります。

　ただ、修正してもらうには、コツがいるかもしれません。次のことに注意しましょう。

- 単に、「間違っています」と修正してもらうのでなく、「ここのところだけ、ちょっと違うので、直してください」と、ほんのちょっと間違っているように言う（たとえ、めちゃくちゃな間違いであっても）
- 直してほしい部分のサンプルをつくって、それを写せば直せるようにする
- 言葉は丁寧に

わかったよ

ここのところだけ、少し直していただけないでしょうか？

第6章　頼られる・好かれる経理になるために

●いろんな質問にどう答えるか

「この前の実業工業の社長接待の予算いくらだったっけ？」「中国出張の宿泊費いくらまでかな？」

経理には、他部署からいろいろな質問が来ます。なかには、聞きに来た人が自分で調べればわかるような質問もあり、「なんで私が…」などと思うことがあるかもしれませんね。でも、そんなときでも、キチンと答えてあげましょう。

質問が来るということは、あなたが経理として頼りにされている証拠です。聞いても教えなかったり、適当に答えていると、質問される回数も減ってきます。

とはいえ、質問も効率よく答えないと、他の仕事ができなくなるので、工夫が必要です。

他部署からの質問は、大きく分けて、①社内規定（接待交際費はいくらまでなのか、など）と、②昨年（前回）の予算額はいくらだったか、でしょう。

①については、社内規程を自分の机の引き出しに保管しておきます。そうすれば、すぐに対応できます。

②に関しては、すぐに思い出せるものと、調べないとわからないものがあります。調べる必要があるものは、いつまでに調べればいいかを聞いて、後で報告しましょう。

資料をきちんと整理しておくと、すぐに答えられるので、半年に１度くらい整理することをお勧めします。

しかし、経理担当者は、会社の秘密も扱っているので、何でも答えていいというものでもありません。

資料整理をしておけばすぐ質問に答えられる

各種資料は棚に整理

〇〇について教えて
ほしいんだけど

はいっ。まかせて
ください！

引き出しの中には
社内規程を準備

整理しておけば、
いつでも答えら
れるわ

さすが！

個人情報・非公開情報は教えない

　営業担当者が得意先を接待し、その領収書を経理に持ってくれば、営業担当者がどんな店を利用したのかがわかります。場合によっては高級料亭での接待があるかもしれません。しかし、これらは個人情報にあたる場合もあるので、他部署の人に話をしないほうがいいでしょう。

　また、会社にリストラ計画が持ち上がってくれば、経理はいち早く、その情報を入手します。これも会社の秘密情報・非公開情報なので、他人に言ってはいけません。

判断に迷ったら上司に相談

　他部門から、「予算作成に必要なので、他部門の経理情報を教えて」と依頼されることがあります。

　しかし、会社によっては、営業所間で競わせるため、各営業所の売上目標等を社内でも秘密にしていることがあります。このような場合、必要な情報と言われても、あなたの判断だけで教えることはできません。自分で判断できるのか不安な場合、上司に相談しましょう。

●ムリなお願いの断わり方

あなたが経理に慣れてくると、「ムリなことを頼んでくるよね」と思うことも増えてきます。ムリなお願いには、2種類あります。

①「レシートはもらったんだけど、領収書を書いてもらいそびれちゃって…」などのように、経理が知恵を出せば、何とか依頼してきた人の希望をかなえてあげられるもの、②「交際費枠を使い切っちゃったので何とかして」などのように、経理の一存では対処できないものがあります。

①について、対応策を思いつかなければ、先輩や上司に相談してみましょう。それでも無理なら、「色々検討してみたのですが、やはり、できませんでした」と相手に伝えます。そうすれば、相手も理解してくれるでしょう。

②については、結論的にはムリとわかっていても、すぐに、ノーとは言いづらいものです。そこで次のようにします。

- すぐに「ムリ」だと言わない
- できるかどうか検討するために、少し時間をもらう
- 検討してみてできない場合、「上司とも相談して、色々検討したのですができませんでした」と事情を説明する

カドを立てずに断わるには、お詫びの言葉（ごめんなさい）を述べた後で、断わる理由（「今、全社を挙げてコスト削減に取り組んでいるので」など）、最後に断わりの言葉を伝えます（出費できない）。ムリなお願いこそ、お詫びの言葉と理由を添えて、断わるようにしましょう。

お願いをされたとき

● 自分で対応策が思いつかなければ先輩や上司に聞く

どうしましょう

● ムリと思われるお願いの場合

検討しますので、お時間をいただけますか？

※いきなりムリと言わない

↓ 上司と検討してムリなら

それじゃ、仕方ないな…

すみません。→ **お詫び**

いろいろと検討したのですが、社内規定で決まっているので、→ **理由**

できません。→ **断わり**

付録・主な勘定科目一覧表

　主な勘定科目を一覧にまとめました。注意点には一般的なポイントが入っていますが、あなたの会社で特に注意することがあれば、それも記入しておいてくださいね。

資産グループ

勘定科目	例示	注意点
現　金	硬貨、紙幣	会社によっては、「現金預金」勘定としてまとめることもある
当座預金	手形・小切手を現金化するための預金	
普通預金	銀行の普通預金	
受取手形	受け取った手形	
売掛金	商品を掛で売ったときの未回収代金	
売買的有価証券	短期間に売買する有価証券	
商品	期末に持っている在庫	月次・年度決算時に使う
貸付金	役員や従業員等への貸付	
未収入金	商品以外のものを掛で売ったときの未回収代金	
未収収益	家賃や利息などでまだ受け取っていないもの	月次・年度決算時に使う
立替金	本来は取引先などが負担すべきものを、会社が立て替えて支払ったとき	
仮払金	経理から出金はあったが、まだ精算されていないもの	
仮払消費税	「税抜方式」を採用している場合に計上される支払消費税	
前払費用	費用として処理するもののうち、前払いしたもの	月次・年度決算時に使う
貸倒引当金	決算日における債権の貸倒見積額	月次・年度決算時に使う
建物構築物	本社ビル、工場建物等	
機械装置	製品をつくり出すための機械や装置	
車両運搬具	営業車、トラック等	
工具器具備品	パソコンや事務机、測定工具や製造工具	
土　地	事務所・工場の土地	
借地権	借地法に定められた地上権および賃借権	
電話加入権	加入電話の通信サービスを受ける権利	
投資有価証券	長期間保有する目的の有価証券	

負債グループ

勘定科目	例示	注意点
支払手形	約束手形の振出し	
買掛金	商品・原材料等の未払代金	
短期借入金	1年以内に返済する借入金	
未払法人税等	法人税・住民税等の未払分	年度決算時に使う
未払消費税	消費税の未払分	年度決算時に使う
仮受金	入金があったが相手科目や金額が確定していない場合	
仮受消費税	「税抜方式」を採用している場合、計上される受取消費税	
預り金	源泉所得税、社会保険料等	
未払費用	給料の未払等	月次・年度決算時に使う
未払金	商品、原材料等以外の代金未払部分	
前受収益	当期中に受け取った収益のうち、次期以降の前受分	月次・年度決算時に使う
前受金	商品代金の一部を前もって受け取った時に使う	
退職給付引当金	退職金のうち当期末までに対応する金額	月次・年度決算時に使う
長期借入金	返済に1年以上かかる借入金	

純資産グループ

勘定科目	例示	注意点
資本金	会社を設立したときの出資金	
資本準備金	会社法の規定により積み立てる法定準備金の1つ	
利益準備金	会社法の規定により利益を財源に積み立てる準備金	
利益剰余金	毎年度の利益や損失、または積立金などが積み重なったもの	

収益グループ

※＊がついたものは、消費税を税抜き処理している場合、「仮受消費税」の勘定科目も同時に使います

勘定科目	例示	注意点
売上高＊	商品の販売	
受取利息	預金利息	
受取配当金	配当	
雑収入＊	本業以外の少額の儲け	
固定資産売却益＊	車両などを売却して生じる利益	

経費グループ

※＊がついたものは、消費税を税抜き処理している場合、「仮受消費税」の勘定科目も同時に使います

勘定科目	例示	注意点
売上原価	販売した商品のコスト	月次・年度決算時に使う
仕入＊	商品の仕入等	
給与	従業員に支払う基本給・諸手当	
役員報酬	役員に支払う報酬	
法定福利費	会社が負担する健康保険・厚生年金保険など	
福利厚生費＊	社内旅行、勤続表彰費用など	
広告宣伝費＊	商品カタログ代など	
旅費交通費＊	電車代、バス代、タクシー代、出張旅費など	
通信費＊	電話代、郵便料金など	
消耗品費＊	事務用品など	
交際費＊	得意先等との接待で使った費用	
会議費＊	社内・得意先等との打ち合わせで使った費用	
支払保険料＊	保険料	
租税公課	印紙代、固定資産税など	
減価償却費	車両等の固定資産の購入費を、利用した期間に負担させた経費	
貸倒損失＊	売掛金などの債権を回収できない場合に生じる経費	年度決算時に使う
賃借料＊	土地、建物、コピー機などの賃借として支払う費用	
販売促進費＊	売上をあげるために支払う販売奨励金や販売手数料など	
水道光熱費＊	水道・ガス・電気代	
雑費＊	上記の分類がむずかしいもの（その他経費という意味）	
支払利息	借入金に対する利息	
法人税等	会社が出した利益に対して負担する（課税される）税金	

小泉禎久（こいずみ　よしひさ）

公認会計士・税理士。明治大学政治経済学部卒業。一般企業人事部、大手監査法人公開業務部を経て、小泉会計事務所開設。
ベンチャー企業、中堅企業の経理・財務・税務指導のほか、各種セミナー講師も行なう。
著書に『業種別　税理士のための関与先訪問時　経営・税務指導マニュアル』（共著、ぎょうせい）など。

ブログ「税理士がアドバイス！　初めての経理」
(http://ykoizumi5.cocolog-nifty.com/blog/)

経理のおしごと手帖

2009年 4 月20日　初 版 発 行
2014年12月20日　第11刷発行

著　者　小泉禎久　©Y.Koizumi 2009
発行者　吉田啓二

発行所　株式会社 日本実業出版社　東京都文京区本郷3-2-12 〒113-0033
　　　　　　　　　　　　　　　　大阪市北区西天満6-8-1 〒530-0047
　　　　編集部　☎03-3814-5651
　　　　営業部　☎03-3814-5161　振　替　00170-1-25349
　　　　　　　　　　　　　　　　http://www.njg.co.jp/

　　　　　　　　　　　　　　　　印　刷／壮光舎　　製　本／共栄社

この本の内容についてのお問合せは、書面かFAX（03-3818-2723）にてお願い致します。
落丁・乱丁本は、送料小社負担にて、お取り替え致します。

ISBN 978-4-534-04542-3　Printed in JAPAN

あなたの仕事をワンランクアップさせる本

常識以前の仕事のルールとマナー

白沢節子著
定価 本体1200円(税別)

ビジネス社会にはさまざまなルールとマナーがあり、できる人ほど基本をしっかり身につけているもの。本書では、社会に出たら知らないではすまされない言葉づかいのルールやあいさつ、身だしなみ、スマートな仕事の進め方などを楽しいイラストで解説。

人に好かれるものの言い方・伝え方のルールとマナー

古谷治子著
定価 本体1200円(税別)

「思っていることをうまく伝えられない」「こんなときはどう言えばいいの?」ビジネスには必須の会話のルールとマナーをやさしく紹介。コミュニケーションをスムーズにし、あなたの印象もアップさせるための"ちょっとしたコツと言い回し"を数多く紹介。

電話応対のルールとマナー

北原千園実著
定価 本体1200円(税別)

相手に喜ばれる電話応対にはルールとコツがある。状況に応じてかける言葉、電話特有の敬語表現、相手が心地よいあいづちのリズムなど。ビジネスに差がつく電話応対のコツを実例をもとに、解説。全ページ、イラスト解説の見るだけでも楽しい本。

定価変更の場合はご了承ください。